Emmerich Menyhay

Europäische Union aus Sicht psychischer Hygiene und der Sozialmechanismen

Auf dem Weg zu Vereinigten Staaten von Europa

Umschlaggestaltung: tredition GmbH, Hamburg.

Verlag: tredition GmbH, Hamburg

ISBN Taschenbuch: 978-3-7439-5050-4
ISBN Hardcover: 978-3-7439-5051-1
ISBN e-Book: 978-3-7439-5052-8

Bibliografische Information der Deutschen Nationalbibliothek:
Die Deutsche Nationalbibliothek verzeichnet diese Publikation in der Deutschen Nationalbibliografie; detaillierte bibliografische Daten sind im Internet über http://dnb.d-nb.de abrufbar.

Zum Gedächtnis von

Robert Schumann

Konrad Adenauer

und

Helmut Kohl

Inhaltsverzeichnis

Emmerich Menyhay

Europäische Union aus Sicht psychischer Hygiene und der Sozialmechanismen
Auf dem Weg zu Vereinigten Staaten von Europa

„Zum ersten Mal in der Geschichte hängt das physische Überleben der Menschheit von einer radikalen seelischen Veränderung des Menschen ab." (Fromm, Erich: Haben oder Sein. dtv. München 1980. 21.)

1. Problemstellung

Die postindustrielle Entwicklung hat die einander schon immer mehr oder weniger gegensätzlichen gesellschaftlichen Bedürfnisse und Ziele derart verstärkt, dass die Milderung der gesellschaftlichen und kulturellen Gegensätze nur mit Einsteigen der sozial- und wirtschaftswissenschaftlich orientierter und psychologisch gründlich geschulter, ethisch einwandfreier Persönlichkeiten in die Politik möglich ist, bevor die wachsende Unzufriedenheit der Verlierer der

Globalisierung eventuell in Gewaltakte ausartet. Die neuen, anders – nicht ausschließlich finanzpolitisch und extrem profitorientiert – denkenden Führungspersönlichkeiten müssten fähig sein die für breiten Schichten verloren gegangene psychische Hygiene wenigstens in Ansetzen zu wiederbeleben, und bereit sein die ethische Verlässlichkeit global zu sichern, sonst zerfällt die EU, bevor der erhoffte Ausweg aus der peinlichen Eurokrise – die Gründung der Vereinigten Staaten von Europa – verwirklicht werden kann. Die Analyse dieser Studie hat zum Ziel gesetzt es zu zeigen, dass auch die Zukunftshoffnung mancher Politiker – die Vereinigten Staaten von Europa – solche Tücken hat, die nur von auch soziologisch und psychologisch gebildeten und ethisch einwandfreie Führungspersönlichkeiten einigermaßen beherrscht werden können, *wenn sie bereit sind die Erkenntnissen der einschlägigen wissenschaftlichen Disziplinen anzuwenden.* Stefan Kray stellt fest: „Die Stabilität der Gesellschaft hängt davon ab, ob es gelingen wird eine Gesellschaftstheorie zu entwickeln, die nicht auf Ideologien beruht, sondern auf wissenschaftlichen Tatsachen, welche die Humanforschung erarbeitet hat.... Entweder ist der Mensch fähig diese kardinale Änderung der Sichtweise des Seins zu verwirklichen, oder wird nicht mehr existieren." (Kray, Zusammenfassung) Erich Fromm berichtet: Die Mitglieder des Römischen Klubs, Mesarovic und Pestel, in ihrer Studie „kommen zum

Schluss, dass nur drastische, nach weltweiten Plan durchgeführte ökonomische und technologische Veränderungen eine ‚große, letztlich globale Katastrophe' verhindern können." (Fromm 20.) Konrad Lorenz schreibt von einem neurotischen Massenwahn, der mit der Vernichtung der Menschheit droht. (Lorenz IX.)

Hinter dem Trend der Einführung der Grenzkontrollen in der Europäischen Union verbergen sich offensichtlich solche *schwerwiegenden Fehlentwicklungen*, die nicht nur die Umwandlung der Union in die Vereinigten Staaten von Europa gefährden, sondern das dauerhafte Bestehen der Union selbst.

1.1. *Entgegengesetzte Bedürfnisse im Vormarsch*

Auf Grund unserer Analyse wird sichtbar, dass der von vielen großen Denkern angekündigte Gefahr einer globalen Naturkatastrophe, begleitet von schweren sozialen Unruhen, auch Europa nicht entgehen kann. Die Gefahren, denen Europa ausgesetzt ist, versuchen wir von der Seite der einander widersprechenden Bedürfnisse zu beleuchten. Diese sind:

- Der Gegensatz zwischen dem Bedürfnis der Globalisierung und der Selbstverwirklichung.
- Der Gegensatz zwischen dem Bedürfnis der Öffnung der geschlossenen Gesellschaft und dem Bedürfnis der Intoleranz gegen das Anderssein.

13

- Der Gegensatz zwischen dem Bedürfnis der Aufrechterhaltung der Nationalstaaten und dem Bedürfnis nach Einschränkung der Souveränität.
- Der Gegensatz zwischen dem Bedürfnis der Aufwertung der regulierenden Rolle des Staates gegen den Egoismus und die Übermacht der multinationalen Unternehmungen und dem Bedürfnis der Einschränkung der Staatsmacht im Interesse der Wahrung der individuellen Freiheit.
- Der Gegensatz zwischen der Sehnsucht nach der Geburt eines neuen Menschentypus und der Bereitschaft über die Sehnsucht hinaus dafür die erfolgversprechenden wissenschaftlichen Methoden einzusetzen.

Die Gegensätze manifestieren sich stark in der gesellschaftlichen Wirklichkeit und können nicht wegdiskutiert werden. Die Probleme sind nur dann einige Maße beherrschbar, wenn die Leitfäden der Politik sich nicht nur von wirtschafts- und finanzpolitischen Überlegungen leiten lässt. Die Pflege der sozialemotionellen Geborgenheit und die Gewissheit, dass wir in einer geordneten Welt leben, müssen kräftig in den Vordergrund treten. Dazu gehört vor allem der Wille des Staates, dass er bereit ist der von den Marktmechanismen verstärkte Egoismus und Habsucht in Grenzen zu halten, und das Bekenntnis desselben, dass er an dem seelischen Wandel der Gesellschaft und am Gleichgewicht zwischen Reichtum und Armut mindestens so viel Interesse hat wie an der Aufrechterhaltung eines gesunden Banksystems, das sich oft von Habgier geleiteten riskanten Bankgeschäften ohne staatliche Subventionen fast in Konkurs treiben ließ.

Wir versuchen die Kritiken an EU und an allen Erscheinungen, die mit diesem politischen- und wirtschaftlichen Gebilde verflochten sind, aus Sicht der Psychologie und Soziologie zu erfassen. Zuerst versuchen wir mit wissenschaftlich fundierten Feststellungen die Grundlagen der Kritik an EU zu skizzieren, um dann später die spezifischen Kritikpunkte leichtverständlicher und einleuchtend zeigen zu können.

1.2. Die Bedeutung der psychischen Hygiene

Das Hauptproblem im Zusammenhang mit der Europäischen Union und mit den eventuell daraus entstehenden Vereinigten Staaten von Europa ist in den folgenden Umständen zu suchen.

Nach der Regel der psychischen Hygiene ist unsinnig die Vorteile einer Situation anzunehmen und die Nachteile abzulehnen. Wenn diese Grundregel der psychischen Hygiene ignoriert wird, dann kommt es unweigerlich zu physisch-psychischen Spannungen, die dann die gesellschaftliche und kulturelle Entwicklung negativ beeinflussen, und verstärken jene, sowieso unvermeidbare Interessengegensätze, die schon von Anbeginn der Eskalation der Gegensätze neoliberaler Art als gegeben galten. Aus psychischer Sicht gilt: Eine schon eingetretene – gewollte, ungewollte oder zufällig entstandene – Situation muss man *mit Vor- und Nachteilen akzeptieren,* weil die Zeit nicht mehr zurückgedreht werden kann. Das Geschehene ist in der Vergangenheit unwiderruflich verankert. Aus Kuchen kann man die Rosinen herausklauben, aber Menschen, Gesellschaften und Kulturen sind keine Kuchen. Versucht man das Unmögliche, versucht man nur die Vorteile für sich in Anspruch zu nehmen und weist die Nachteile von sich, dann schlittert der Mensch in die neurotische Spannung „ich will es aber will ich es doch nicht" hinein. (Menyhay 2001. 144.) Das Janusgesicht zerstört das seelische Gleichgewicht und führt zu psychosomatischen Erkrankungen. Es geht hier eigentlich um Rebellion gegen sich selbst, aber die Aggression der Rebellion kann leicht auch nach außen hin gerichtet werden, und meistens die Schwächeren treffen.

Der Grundsatz der psychischen Hygiene auf Gesellschaftsebene meldet sich in den Sozialmechanismen im Grundsatz des Gebotes der gesellschaftlichen Zielvereinbarkeit. Talcott Parsons schreibt darüber folgendes: Wenn eine Gesellschaft überleben und die Anhäufung der Unzufriedenheit und Exzesse vermeiden will, dann daneben, dass die Interessengemeinschaften verschiedene Ziele verfolgen können, und auch tatsächlich verfolgen, in Interesse der Wahrung der gesellschaftlichen Zielvereinbarkeit dürfen diese Interessengemeinschaften keine solche Ziele verfolgen, die die Interessen anderer ausschließen. (Parsons 157.) Die Sicherung der gesellschaftlichen Zielvereinbarkeit ist eine staatliche Aufgabe und *sie darf nicht dem Zufall oder den privaten Interessen – den Marktmechanismen – überlasen werden. Die Marktmechanismen dienen ihrem Wesen nach den privaten Interessen und sind absolut nicht geeignet ohne Kontrolle die gesellschaftliche Zielvereinbarkeit zu sichern.*

Wenn wir den Grundsatz der psychischen Hygiene in Zusammenhalt mit dem Prinzip der gesellschaftlichen Zielvereinbarkeit auf die Europäische Union und auf die mit ihr verflochtenen Erscheinungen anwenden, dann müssen wir zunächst sehen, dass Europa und die freie Welt nach dem zweiten Weltkrieg die neoliberalen angloamerikanischen Gesellschafts- und Wirtschaftsordnung – teils als Huldigung dem Sieger – unkritisch übernommen haben. Dieses System basiert auf die Verkündung totaler Freiheit. Nach dieser Philosophie sind Milliardäre und Bettler gleichsam frei. Dabei wird „übersehen", dass mit dieser Auffassung das Rückkehren in das kulturlose Zeitalter vollzogen wird, weil das Ausrufen der totalen Freiheit dem Prinzip der Selektion des Dschungels gleichkommt, und die kanalisierend wirkende Kultur – welche die Menschen aus dem Wildnis herausführte – zerstört: Die stärkeren überleben, die schwächeren sterben aus. Damit wurde auch die gesellschaftliche Zielvereinbarkeit total ruiniert. Das zeigt in einem, dass die Sicherung der gesellschaftlichen Zielvereinbarkeit mit staatlicher Mitwirkung bei importierten Bedingungen des angloamerikanischen Neoliberalismus kaum verwirklichen lässt. Eibl-Eibesfeldt schildert die zerstörerische Wirkung der angloamerikanische Kulturexport in die unterentwickelten Länder, und bezeichnet die USA als „kulturknacker", weil diese die unterentwickelten Staaten und Regionen „mit sogenannten Wohlfahrtsprogrammen das ,Füttern in die Abhängigkeit' betreibt. (Eibl-Eibesfeldt 185.)

1.3. Abbau traditioneller Autorität

Es ist leicht zu erkennen, dass die von neoliberalem System extrem bevorzugten Kreise versuchen die Macht des Staates und den Einfluss der traditionellen Kulturen so weit zu begrenzen, dass diese unfähig werden den ungezügelten Kampf nach Profit zu bremsen und in Interesse des Überlebens der Schwächeren wirksam einzugreifen. Der Neoliberalismus braucht keinen Staat. Das Autoritätsvakuum, das durch den Ausfall der Staatsmacht entsteht – nach dem Wunsch der neoliberalen Vorstellungen – füllt der Einfluss der Finanzwelt und die Macht der multinationalen Unternehmungen aus. Interessant, dass auch der kommunistischen Ideologie waren der Staat und die traditionellen Kulturen Dorn in den Augen. Die kommunistische Ideologie hat das Aussterben des Staates und die Geburt eines von Egoismus befreiten neuen sozialistischen Menschentypus prophezeit.

Ohne die auf Bahnen lenkende Kultur und staatlichen Einfluss bzw. staatliche Kontrolle werden die von Eigeninteressen gesteuerten natürlichen Zusammenhänge zwischen Angebot, Nachfrage, Preis und Produktion zu tödlichen philosophischen Waffen für alles, was Profit bringen kann, von Naturschätzen bis zum Lebewesen hin. In diesem Aspekt ist der Vorteil der sozialen Marktwirtschaft zu erblicken. Die Philosophie der sozialen Marktwirtschaft ließe die Markmechanismen zur Ankurbelung der Wirtschaft gedeihen, und der Staat hätte dafür gesorgt, dass der Egoismus für die gesellschaftlich und wirtschaftlich Benachteiligten in erträglichem Rahmen bleibt.

Die neoliberale Ideologie stellt im Endeffekt die traditionelle Autorität als solche mit sämtlichen Erscheinungsformen in Frage, wie z. B. die Autorität der Eltern, der Älteren, der Lehrer, der Polizisten, der Klügeren, usw., und *anerkennt nur eine einzige Autorität, jene, die mit Vermögen, insbesondere mit Geld und Standfestigkeit im Kampf um Profit begründet ist.* (Vgl.: Menyhay 2009.)

Die Eltern sind in vielen Fällen – auf Grund der totalen Freiheitsvorstellung der neoliberalen Ideologie – altmodische Knacker geworden, die kein Verständnis für moderne Lebensweise haben, sprich, gegen Alkoholismus, Drogenmissbrauch, betäubendes Musizieren, usw. sind. Das Alter zählt in vielen Fällen nicht mehr, daher ist es nicht mehr „in" die Sitzplätze im öffentlichen

Verkehrsmittel den Älteren zu überlassen – übrigens schwangeren Frauen und Körperbehinderten auch nicht. Die früher unvorstellbaren körperlichen Angriffe auf Lehrer stellen heute keine Sensationen mehr dar. Heute sind wir schon so weit, wie in den USA schon längst, dass das Bild der Straßen der Großstädte von unterstand- und arbeitslosen Bettler geprägt wird, und dass gewisse Schulen nur mehr unter polizeilicher Aufsicht einigermaßen funktionsfähig sind.

Die Polizisten und die fleißigen Schüler werden in Kreisen der ungezügelten Jugendbanden verschmäht.

Das neoliberale, ursprünglich als Wirtschaftsideologie erträumte System, wurde also zu Lebensphilosophie aufgepäppelt und in alle Lebensbereiche eingetragen. In der Folge ist die Kriminalität rapide gestiegen. Sie verdoppelt sich in sechsjährigen Perioden.

Wie schon erwähnt, um den maximalen Profit zu sichern, will der Neoliberalismus durch den Einfluss der Finanzwelt und der multinationalen Unternehmungen die Vormachtstellung der Superreichen kontra Staat zu verwirklichen, und eine einheitliche, auf Verbrauch konzentrierte Konsumgesellschaft ins Leben zu rufen. Darüber stellt die Sozialenzyklika Centesimus Annus folgendes fest: „Die Entscheidung für bestimmte Formen von Produktion und Konsum bringt immer auch eine bestimmte Kultur als Gesamtauffassung des Lebens zum Ausdruck. *Hier entsteht das Phänomen des Konsumismus*....Überlässt man sich...direkt seinen Trieben, unter

Verkennung der Werte des persönlichen Gewissens und der Freiheit, können *Konsumgewohnheiten und Lebensweisen* entstehen, die objektiv unzulässig sind und nicht selten der körperlichen und geistigen Gesundheit schaden." (Kap. 35). Und hier kommt die Europäische Union als Gemeinschaft wieder ins Bild. Um Gedankenbruch zu vermeiden, müssen wir wieder darauf hinweisen, dass Europa als Kontinent, gleich nach dem zweiten Weltkrieg die angloamerikanische neoliberale – aus ethischer Sicht antisoziale – Ideologie importiert hat, und die Europäische Union hat diese Ideologie als EU-Religion installiert. So kann die Europäische Union von Anschlusswilligen verlangen, dass sie durch Angleichen des eigenen Rechtsystems dem angloamerikanischen-europäischen vornehmen, bevor sie in die Gemeinschaft aufgenommen werden. Irgendwie ist diese Vorgangsweise verständlich und berechtigt, aber sie ist in einem die Ursache dafür, dass die vorhin geschilderten negativen Erscheinungen europaweit um sich greifen konnten.

Voraussichtlich – wegen der Beibehaltung der neoliberalen Philosophie – können die künftigen Vereinigten Staaten von Europa die Lösung psychologischer und soziologischer Probleme nicht mit sich bringen. Ohne Zweifel gibt es wichtige Gründe für die Schaffung engerer Bindung zwischen den Staaten der Europäischen Union. Es scheint, dass ohne Föderation, zumindest ohne gemeinsame Wirtschafts-, Währungs- und Verteidigungspolitik, kann das Paradoxon nicht gelöst werden, demnach undisziplinierte Staaten Schuldenberge anhäufen, und die disziplinierten und leistungsfähigen – vor allem Deutschland – die Zeche bezahlen. So geht es nicht weiter.

Nicht so sehr die Europäische Union oder gar die Vereinigten Staaten von Europa problematisch, sondern die importierte kontinentale neoliberale philosophische Einstellung, die Europa unfähig macht die psychologische und soziologische Probleme in den Griff zu bekommen. Unter Umständen sogar verstärkt sie diese.

Nach dem Klärungsversuch der grundlegenden Probleme der Europäischen Union können wir uns den spezifischen Problemen der EU wenden, und jene Widersprüche vor Augen führen, die der psychischen Hygiene im Weg stehen. Die Widersprüche – das Dilemma – können wir am besten als gegensätzliche Bedürfnispaare vor Augen führen.

2. Der Gegensatz zwischen dem Bedürfnis der Globalisierung und der Selbstverwirklichung

2.1. *Wirtschaftliche Maximierung kontra psychische und soziale Bedürfnisse.*

In Hinblick auf die gewaltige technische und wirtschaftliche Entwicklung drängt sich das Bedürfnis der Globalisierung mit elementarer Kraft auf. Der Globus ist nicht nur in der Vorstellungskraft klein und überschaubar geworden. Satelliten können den Globus mit rasanter Geschwindigkeit umrunden, und der Mensch kann seine Winzigkeit aus der Tiefe des Weltalls beobachten. Auch die Vermeidung blutiger Kriege drängen in die Richtung der globalen Ordnung, die einer einheitlichen Rechtsauffassung bedarf. Also an und für sich geht es hier um einen durchaus wünschenswerten Trend, den die Menschen schon längst anstreben hätten sollen, um die Weltfrieden zu sichern und das Prinzip der Brüderlichkeit und Solidarität zu verwirklichen. Aber, es ist nicht so einfach, wie man es vielleicht denken könnte.

Die Globalisierung wurde dadurch problematisch, dass die maßgebenden Politiker die Realisierung der globalen Ordnung vorwiegend auf Grund des wirtschaftlichen Rationalismus und der wirtschaftlichen Maximierung zu verwirklichen versuchen, in deren Mittelpunkt das Streben nach Gewinn steht, und andere – psychische und soziale – Bedürfnisse der vollwertigen

Menschwerdung grob vernachlässigt werden. Die Vernachlässigung der psychologischen und soziologischen Aspekte schädigt die physisch-psychische Gesundheit und hindert die von Jung geprägte Selbstverwirklichung.

2.2. Lebensstandard und Lebensqualität

Zur Selbstverwirklichung – nach Maslow – führt die Befriedigung der folgenden Bedürfnisse in der angegebenen Reihenfolge: Existenzbedürfnisse (Physiological Needs), Sicherheitsbedürfnisse (Safet Needs), soziale Bedürfnisse (Social Needs), das Bedürfnis des positiven Selbstbildes (Ego Needs) und schließlich das Bedürfnis der Selbstverwirklichung (Needs fort Self-Actualization), deren Voraussetzung eben die Befriedigung der vor der Selbstverwirklichung aufgezählten Bedürfnisse. Natürlich gibt es Ausnahmen, die Reihenfolge muss nicht immer stimmen, und sogar können manche Bedürfnisse unbefriedigt bleiben, trotzdem gibt es begnadete Menschen die zur Selbstverwirklichung fähig sind. Aber das ist nicht der Regel.

Rudolf Andorka berichtet, dass der finnische Soziologe Allard die Bedürfnistheorie Maslows weiterentwickelt hat. (Andorka 1990. 473.) Allard hat auf den Zusammenhang zwischen den menschlichen Bedürfnissen und dem Wohlstand hingewiesen: Der

Wohlstand hat drei Ebenen: „1. das Haben, 2. die soziale Zuneigung, 3. das Seins-Empfinden." Unter Haben versteht er den ausreichenden Besitz jener Güter, die zur Aufrechterhaltung des Lebens notwendig sind. Unter soziale Zuneigung versteht er das Wohlwollen in den zwischenmenschlichen Beziehungen, und unter Sein das Begreifen des Sinns des Lebens, mit anderen Worten das Leben sinnvoll erleben. Schauen wir diese Zusammenhänge etwas näher an.

Das Seins-Empfinden *für die weit überwiegende Mehrheit* der Menschen nur dann erreichbar, wenn die Wesensmerkmale des Menschseins grob nicht verletzt werden. Damit ist in einem auch gesagt, dass hervorragende Persönlichkeiten fähig sind auch unter trostlosen Verhältnissen den Sinn des Lebens zu erkennen. Viktor E. Frankl beschreibt es in seinen eindrucksvollen Büchern „...trotzdem ja zum Leben sagen. Ein Psychologe erlebt das Konzentrationslager. (1947.) und „Der Mensch vor der Frage nach dem Sinn". (1980.)

Die Wesensmerkmale des Menschseins können dann verhängnisvoll verletzt werden, wenn etwa der Mensch es so empfindet, dass seine *für sich selbst zugedachte* Denkfähigkeit unterbewertet ist, wenn er sich sozusagen „dumm verkauft" fühlt. Damit soll aber nicht gesagt werden, dass der Mensch die Vernunft verkörpert. Aus diesem Aspekt heraus bezeichnet Eibl-Eibesfeldt den Menschen in einem seines Buchtitels als riskiertes Wesen, das aus naturgeschichtlichen Aspekten heraus auch mitunter unvernünftig ist (und sogar seine Zukunft aufs Spiel setzt). In die gleiche Richtung zeigen die Bücher von Konrad Lorenz mit den Titeln „So kam der Mensch auf den Hund" (1950.) „Die acht Todessünden der zivilisierten Menschheit" (1973.) und „Der Abbau des Menschlichen" (1983).

Die Wesensmerkmale des Menschen können etwa auch noch dann verletzt werden, wenn er gefühlsmäßig abgewiesen, weggestoßen, alleingelassen wird, oder wenn er von seiner Kreativität beraubt wird. Ein Beispiel: Die Fließbandarbeit hat die Kreativität des Arbeiters zu Nichte gemacht, auf den Gebrauch seiner Denkfähigkeit verzichtet, und als isoliertes Glied des monotonen Arbeitsganges hat sie ihn von der Gruppenarbeit „befreit", und damit die Möglichkeit des Erlangen der sozialemotionellen Geborgenheit ausgeschlossen.

Jetzt können wir die Sichtweise Allard zusammenfassen: Am Haben misst man den *Lebensstandard*. Das Maß der sozialen Zuneigung und die Ausgeprägtheit des Seins-Empfindens gibt Auskunft über die *Lebensqualität*. Es ist durchaus möglich, dass in einer Gesellschaft der Lebensstandard niedrig ist, aber die Lebensqualität leidet nicht darunter, und – *mutatis mutandis* – gilt es auch im umgekehrten Fall. Es ist durchaus nicht sicher, dass ein New Yorker Luxushotel höhere Lebensqualität zu bieten im Stande ist, als der Urwald für die Eingeborenen. In diesem Aspekt ist die Problematik der Europäischen Union und gar die

Problematik der geplanten Vereinigten Staaten von Europa zu erblicken: *Es wird der Lebensstandard zumindest verbal favorisiert, und man glaubt, es wäre die Lebensqualität.* Die auf permanent verstärkte Anwendung der Technik basierende Globalisierung wirkt gegen die typisch menschlichen Qualitäten und gegen die damit verbundenen, auf die Lebensqualität abgestellten Bedürfnisse. Man sieht das Ende der totalen Vernichtung der Arbeitsplätze durch Automation. Es scheint, die Europäische Union, als ein wichtiger Träger der Globalisierung, kann auf Grund der derzeitigen globalisierten neoliberalen Rechtsauffassung für die gesellschaftlich und wirtschaftlich benachteiligten kaum über schöne Worte hinaus etwas Anderes anbieten, als weitere Arbeitslosigkeit, Verarmung, rasante soziale Differenzierung, das Verschwinden der Mittelklasse, rostende ehemaligen Industrieanlagen, Wirtschafts- und Finanzkrisen. Um dies zu ändern, wäre der Eingriff in die bisher geltenden Regeln der Vermögensbildung und des Eigentumsrechtes notwendig. Und dazu sind die extrem bevorzugten und einflussreichen Schichten freiwillig kaum bereit. Um Missverständnisse zu vermeiden halten wir fest, dass es hier *nicht um die Behinderung der Vermögens- und Kapitalbildung als solche geht,* sondern um jener Art der Vermögens- und Kapitalbildung, hinter der keine realen wirtschaftlichen Vorgänge stehen, sondern vielmehr aus Spekulationen stammen, und gegen solche, die es ermöglichen, dass in den Händen weniger

Familien unvorstellbares Vermögen sich sammelt, das dann sogar die Handlungsfähigkeit der Regierungen einzuschränken im Stande ist.

Bezüglich der Arbeitslosigkeit ist wichtig festzuhalten, dass es hier nicht nur um den Verlust der materiellen Grundlagen des Überlebens geht, sondern um die Beraubung des Menschen von Freude und Last der Arbeit, die den Menschen aus dem Tierwelt herausgehoben haben. Die Freude und der Last der Arbeit spielen auch noch heute eine entscheidende Rolle bei der Vollendung der unvollendeten Schöpfung, also bei der Vollendung der Menschwerdung, der Selbstverwirklichung, die generell den Sinn des Lebens zu sichern im Stande ist, daher ist sie der wichtigste Bestandteil der Lebensqualität.

Die hier geschilderten Um- und Zustände sind mit enormen, im Alltag unausgesprochenen, physisch-psychischen Belastungen verbunden, die auch in Form psychosomatischer Krankheiten, Menschen und Gesellschaften schädigen.

3. Der Gegensatz zwischen dem Bedürfnis der Öffnung der geschlossenen Gesellschaft und dem Bedürfnis der Intoleranz gegen das Anderssein.

3.1. Ende des Zeitalters der Nationalstaaten?

Schon in der Zeit der Völkerwanderung hat das Vermischen der verschiedenen Rassen, Sprachen und Kulturen begonnen. Im postindustriellen Zeitalter, durch die rasante Entwicklung der horizontalen Mobilität, sind wir schon so weit gekommen, dass zwischen Atlantik und Pazifik kaum mehr reine, auf Abstammung stützende Nationalstaaten zu finden sind.

Die forcierte Vermischung der Rassen und Kulturen in den USA ist in voneinander isolierte Gettos geführt, wo jede Rasse und jede Nation nach ihrer eigenen Kultur leben. In diese Richtung zeigen auch die europäischen Entwicklungstendenzen: Trotz der stark forcierten Globalisierung sind in Europa in den letzten Jahrzehnten Vielvölkerstaaten – um die eigene Identität zu wahren, bzw. zurück zu gewinnen – in eigenständige Staaten zerfallen (Sowjetunion, Jugoslawien, Tschechoslowakei). Auch die Iren, Basken und Tschetschenen hörten nicht auf um ihre Eigenständigkeit zu kämpfen.

3.2. *Identitätskrise der Gesellschaft und der Persönlichkeit*

Die Identitätskrise der Gesellschaft ist mit der Identitätskrise der Persönlichkeit – mit der Ich-Schwäche – eng verflochten. Die ich-schwache Persönlichkeit hat – nach Erich Fromm – einen Marketingcharakter. „Das oberste Ziel des Marketing-Charakters ist die vollständige Anpassung, um unter allen Bedingungen des Persönlichkeitsmarktes begehrenswert zu sein. Der Mensch dieses Typus hat nicht einmal ein Ich (wie die Menschen des 19. Jahrhunderts) an dem er festhalten könnte, das ihm gehört, das sich nicht wandelt. Denn er ändert sein Ich ständig nach dem Prinzip: ‚Ich bin so, wie du mich haben möchtest! ‘“ (142.) Prinzipiell das gleiche spielte/spielt sich ab in der Europäischen Union mit der sogenannten Rechtsharmonisieren der Mitgliedsstaaten ab, wobei ein Teil der Eigenständigkeit aufgegeben werden muss. Mit dem Wandel der Rechtsordnung müssen auch teilweise traditionelle Verhaltensmuster und soziale Rollen aufgegeben werden, wobei jeweils ein Teil eines Identitätsmerkmals zwangsläufig verloren geht. In den Vereinigten Staaten von Europa werden der Verlust der Eigenständigkeit und damit die eigene Identität in noch größerem Ausmaß *notwendig* sein, als in der Europäischen Union es der Fall ist. Jene Staaten, die in die Föderation beitreten, müssen *natürlich* einen weiteren Teil ihrer Identität zu Gunsten des Gemeinsames aufgeben, wobei eine brisante Vermutung wohl berechtigt ist, nämlich, dass dieser Verlust die kleineren Staaten stärker betroffen wird, als die größeren.

Das Streben nach eigener Identität auf Persönlicher- und Gemeinschaftsebene ist ein großes Hindernis für die Globalisierung, für den Erfolg der Europäischen Union und für den Plan der Verwirklichung der Vereinigten Staaten von Europa, weil die Globalisierung auf den Widerstand der psychischen Hygiene stößt. Trotzdem verbreiten die Befürworter der Globalisierung, mit den EU-Politikern an der Spitze, dass das Zeitalter der Nationalstaaten bereits abgelaufen wäre. In Hinblick auf den virtuell immer kleiner werdenden Globus ist diese Behauptung in einer gewissen Hinsicht akzeptabel, aber in Hinblick auf das besonders stark wirkende menschliche Bedürfnis des Strebens nach eigener Identität – nach Selbstverwirklichung – gerade absurd. Irenäus Eibl-Eibesfeldt macht auf die Gefährlichkeit der Verunsicherung der eigenen Identität: „Erst die Angst um die eigene Identität verschüttet die Freundlichkeit, und sie steht an der Wurzel des Gruppenhasses, der bis zum Irrsinn des Völkermordes führen kann." (198.) Das offenbarte Hauptziel der Föderation europäischer Staaten ist die Sicherung des friedlichen Zusammenlebens. Wenn aber der Verlust der eigenen Identität bis zum Irrsinn des Völkermordes führen kann, dann ist es *ratsam* bei der Konstruktion der

Vereinigten Staaten von Europa *sehr umsichtig* vorzugehen.

Es ist eine Tragödie – die nicht auf der Bühne gespielt wird –, dass die Selbstidentifikation nur durch das Herausheben der Unterschiede – das Anderssein als die anderen – möglich ist, was natürlich in der Globalisierung steckende Vereinheitlichungstendenzen stark widerspricht. Die globale Vereinheitlichung berührt nicht nur die Vereinheitlichung der Rechtordnung, sondern auch die Vereinheitlichung des Verbrauchs durch Bevorzugung von Markenwaren in Interesse der Schaffung einer auf Verbrauch konzentrierenden Einheitsgesellschaft. Ein Beispiel: Auch in entlegenen Gebieten der Kontinente kaufen Menschen die gleichen Marken, wie in Europa, und schauen mit batteriebetriebenen Fernsehgeräten dieselben Krimiserien wie in einem New Yorker Luxushotel. Die Vereinheitlichungstendenzen streben nach Unniformismus, die Markmechanismen hingegen nach Individualismus, in dem Sinn, dass jeder nach seinen Eigeninteressen eigenständig handeln und Erfolg haben muss, wenn er anerkannt und wertvoll sein will. *Im System meldet sich hiermit ein Widerspruch,* der unüberbrückbar ist und strapaziert die psychische Hygiene.

Im EU-Parlament darf jede Nation ihre eigene Sprache verwenden. Jede Sprache gilt offiziell als gleichwertige EU-Amtssprache, aber dieses Zugeständnis reicht bei weitem nicht aus um die vom Standort des EU-Parlamentes entfernt liegende mehr oder weniger national eingestellten Staatgebilden das Gefühl der Selbstidentifikation zu geben. Gegen das Bedürfnis der Eigenständigkeitsbestrebungen – es klingt besser, als Nationalismus – ist kein Kraut gewachsen, weil hinter diesem Bedürfnis ein biologisch fixiertes Naturgesetz steht, das die Psyche des Menschen widerspiegelt. Konkreter: Die Strukturen des Seelenlebens umfassen das Ich – das Bewusstsein, genauer das *Selbst*bewusstsein – das Über-Ich, schlicht das Gewissen, und die Triebe – vom Freud Es genannt. (Freud XIII. 235–290. und XV. 62–118.) Es scheint, dass das Ziel des Seins in Formen die Entwicklung – die Evolution – zum Ich ist, daher kommt der Qualität des Ichs eine enorme Bedeutung zu. Freud schreibt, dass dort, wo das Es war, soll Ich werden, und „das ist Kulturarbeit, wie die Trockenlegung der Zuidersee". (XV. 86.)

3.3. Die Schlüsselrolle des Ich

Die Entwicklung und die Aufrechterhaltung des Ich sind zwingende Voraussetzungen unterworfen. Diese Voraussetzungen werden vom System des Seelenlebens bestimmt. Das System ist darauf abgestellt, dass das Ich entstehe, und bis zum Tode aufrecht bleibe, ja, gestärkt werde. Denn je schwächer das Ich ist, desto geringer ist die Frustrationstoleranz – die Fähigkeit Enttäuschungen zu ertragen – desto höher ist die Aggressionsbereitschaft und desto ausgeprägter ist das Bedürfnis nach positivem Selbstbild. Übertriebenes positives Selbstbildbedürfnis geht mit krankhaftem Machtbedürfnis einher, und für Diktatoren charakteristisch. Starkes ich ist der Schlüssel zum Glück und Friede, weil starkes Ich gegenteilige Charaktereigenschaften von schwachem Ich hervorruft: Hohe Frustrationstoleranz, geringe Aggressionsbereitschaft und gemäßigtes positives Selbstbildbedürfnis.

Die Voraussetzung gesunder Individuen und Gesellschaften ist das Ausmaß der Gleichgewichtigkeit der Beziehungen zwischen Ich und Du, Ich und Wir, Ich und Ihr, und Wir und Ihr, wobei die Qualität des Ich entscheidend ist. (Menyhay, 2003. 309.) Also: Um die Friede in Europa aufrechtzuerhalten, braucht man nicht unbedingt die Föderation europäischer Staaten, sondern *vielmehr braucht man ich-starke, souveräne und joviale Persönlichkeiten, die zuerst gebildet werden müssen.* Die Bildung wäre das Mittel zur Schaffung der schon von langer Zeit ersehnten neuen Menschentypus. Die Idee der EU hat ursprünglich das Ziel gehabt die europäischen Dominanz Deutschlands zu brechen, und nicht die Erziehung eines neuen Menschentypus, der sich *weniger auf den Lebensstandard, sondern vielmehr auf die Lebensqualität konzentriert.* Heute ist die Dominanz Deutschlands – dank der Europäischen Union – nicht nur ungebrochen, sondern stärker denn je es war, weil diese legal ist, auf Frieden beruht, und auf weltweiter Anerkennung stößt. Der neue Mensch ist jedoch *auf der Strecke geblieben.*

3.4. Das Bumerang-Effekt der globalisierten Vereinheitlichung

Globalisierung und Vereinheitlichung hin oder her: Daran, dass die Selbstidentifikation nur durch Herausheben der Unterschiede zwischen Individuen, Gruppierungen und Nationen möglich ist, können Gesetze, Verordnungen und Absichtserklärungen nichts ändern. In Hinblick auf dieser Gesetzesmäßigkeit können wir feststellen, dass die in der Globalisierung vorhandenen theoretischen-humanen Werte, wie die Brüderlichkeit und die Solidarität der Staaten untereinander, die freie Wahl des Wohnortes und des Arbeitsplatzes, das Abbauen der Staatsgrenzen und die weitgehende Ausschaltung der Kriegsgefahr innerhalb der Union, sind im Verhältnis zum Bedürfnis der Selbstidentifikation äußerst gering, weil zur Entwicklung des Ichs überschaubare soziale Dimension notwendig ist. Nur diese ist fähig die sozialemotionelle Geborgenheit vermitteln. Das globalisierte Seins-Empfinden ist zu allgemein, es verwischt tendenziell die klare Abgrenzung zwischen Wir und Ihr, dadurch wird die Verankerung in Wir unsicher, und es färbt sich auf die Verhältnisse zwischen Ich und Wir, Ich und Du und Ich und Ihr ab. Die Verunsicherung des Ich hindert die Entwicklung der zum friedlichen Zusammenleben notwendigen Qualität des Ich. Wir dürfen nicht übersehen, dass auch für den übertriebenen Nationalismus das schwache, subjektiv auf Verteidigung angewiesene Ich verantwortlich ist, und eines der Merkmale des schwachen Ich ist die Aggression, und ein weiteres der Egoismus. Diese Faktoren spielen sowohl bei übertriebenem Nationalismus, wie auch in der Globalisierung wesentliche Rollen. Bei der Globalisierung wird der Egoismus durch das Freilassen der Markmechanismen unerträglich. Die Marktmechanismen sind gleichzeitig auch aggressiv, weil sie im Konkurrenzkampf die Vernichtung des Konkurrenten anstrebt. Beim übertriebenen Nationalismus das Schreien „Die Nation ist über alles" verrät, was sich hier im Hintergrund im Bereich der Seele abspielt.

3.5. Die kardinale Bedeutung der Vereinheitlichung in einer überschaubaren sozialen Dimension für die Ich-Entwicklung

Wir können es nochmals betonen, dass zur Entwicklung des Ich überschaubare soziale Dimension notwendig ist, für alle Fälle kleiner, als die für viele Bürger unüberschaubare und mit babylonischen Verständigungsschwierigkeiten behaftete Union, oder gar die in Mode gekommene Weltbürgerschaft, die die Verständigungsschwierigkeiten mit der Forcierung der englischen Sprache zur Weltsprache zu begegnen versucht. Immanuel Kant betonte, dass die Pazifizierung – die Bestrebungen zur Vermeidung der Kriege – nicht zur Gründung eines Welteinheitsstaates führen dürfte, sondern vielmehr auf die Autonomie der Regionen basieren müsse. Dies scheint die psychische und soziologische Beschaffenheit des Menschen nach Identität auf persönlicher und gemeinschaftlicher Ebene zu begründen, also es ist *naturbedingt,* aber – vorausgeschickt – *dennoch nicht unabdingbar,* weil – wie wir es sehen werden – die Natur hat auch dafür gesorgt, dass der Mensch durch Konsens und Konditionierung die naturbedingten animalischen Verhaltungstendenzen mit Erfolg begegnen kann – wenn er es ernsthaft will. Kant sah die Naturbedingtheit nach eigener Identität in den Strategien der Natur. Er meinte, dass die verschiedenen Sprachen und Religionen Trennungsstrategien der Natur sind, um ein einheitliches, despotisches Weltimperium zu vermeiden. (36.)

Je jünger ein Mensch ist, desto wichtiger ist für die Ich-Entwicklung die überschaubare soziale Dimension. Darin ist die Bedeutung der fürs Kind leicht überschaubaren kleinen Familienkreis zu erkennen. Die Familie bietet die besten Voraussetzungen für die Ich-Entwicklung durch das Erleben des Unterschiedes zwischen dem Ich und dem Nicht-Ich mittels Kontakte des Kindes zu leicht überschaubarer Umwelt des Heimes und führt dann zu den anderen wichtigen Begriffen der sozialen Beziehungen (Du, Wir, Ihr). Dieser begriffliche Rahmen begleitet den Menschen lebenslang. Bei erfolgreicher Sozialisation wird im sozialen System das Ich mit den anderen in Wir-Gefühl zusammengeschweißt. Das Ich – eingebettet im Wir – übernimmt die durch Konsens geschaffene Normen und wird danach konditioniert. Daraus ergibt sich eine gewisse Einheitlichkeit der Reaktionen in bestimmten Situationen gegenüber denjenigen, die im Rahmen einer Gesellschaft agieren und interagieren. Die Erfüllung der Erwartungen – worauf sich die Bürger verlassen – bestimmt das Maß der sozialemotionellen Geborgenheit, und die Qualität des Ich. Die Einheitlichkeit der Erwartungen ist die Quintessenz der Kultur. Wenn die Sicherheit spendende Einheitlichkeit im Tun und in den Gefühlen durch das aufdringliche, sich zur Schau tragende Anderssein zu verloren gehen droht, reagieren Menschen verbittert, weil die Voraussetzungen der Ich-Bildung und Ich-Stabilität in Gefahr gerät und *entsteht ungeheurere Angst vom Verloren gehen, bzw. vom Rückfall in den Zustand des Vegetierens – in den Zustand des Freud'schen Es ohne Bewusstsein.* Da erkennen wir klar „die Wurzel des Gruppenhasses, der bis zum Irrsinn des Völkermordes führen kann." (Eibl-Eibesfeldt 198.)

3.6. Die Grenze der virtuellen Ausweitung der sozialen Beziehungen.

Während der ontogenetischen (individuellen) Entwicklung werden die in der Familie möglichen sozialen Beziehungen ausgeweitet, die Dimensionen werden größer, wobei die Schwerpunkte der sozialen Beziehungen „Ich und Du" und „Ich und Wir" verlagern sich auf „Wir und Ihr". Die intensivierten Beziehungen „Wir und Ihr" stärken die persönliche Identität – stärken das Ich in Wir – und die Distanzierung zu Ihr. Die Distanzierung als solche ist die Quintessenz der kollektiven und der persönlichen Identität. Wir sehen wieder: Die Eigenheiten des Selbst und die der eigenen Gemeinschaft sind nur durch das Herausheben der Unterschiede zu den anderen möglich.

Die Ausweitung der möglichen sozialen Beziehungen während des Erwachsenwerdens könnte die folgende Begriffsreihe vor Augen führen: „unsere Straße", „unsere Mannschaft", „Unsere Klasse", „unsere Schule", „unsere Belegschaft", „unser Dorf", „wir, Wiener" „wir, Deutschen", wir, Europäer", und schließlich „wir, Weltbürger (in der globalisierten Welt)". Mit zunehmender Vereinheitlichung – mit zunehmendem Rahmen des angestrebten Wir-Gefühls – nimmt zwangsläufig die Intensität des Zusammengehörigkeitsgefühls mit deutlichen Eigenheiten ab. *Auf der höchsten, globalen Ebene, gibt es gar keine Vergleichsmöglichkeit mehr,* es sei denn, es stellt sich heraus, dass es in erreichbarer Nähe ein von Menschen bewohnter Himmelskörper existiert, und die Existenz dieser Gemeinschaft ermöglicht, dass wir, Erdbewohner, in Interesse unserer eigenen Identität uns von ihnen distanzieren. Allerdings, in Hinblick auf die Größenordnung wäre diese Distanzierung auf dem Globus ziemlich kraftlos, es sei denn, es bestünde unmittelbare Lebensgefahr durch Bedrohung.

3.7. Identität gibt es nur im Verhältnis zu den Anderen

Der Dualismus „Ich und Du" und „Wir und Ihr" scheint ein unabdingbarer Grundsatz der Schöpfung zu sein, dessen Existenz sich schon im Atom durch die positiv und negativ geladenen Teilchen manifestiert. *Es scheint, dass die im Material im Ursprung vorhandener Gegensatz – der Dualismus – sich in der Evolution fortgepflanzt hat und sich auch in der Psyche und in den sozialen Beziehungen widerspiegelt.* Positiv und negativ; hoch und niedrig; schwarz und weiß; kurz und lang; breit und schmal; Gut und Böse und all die anderen auf Gegensätze basierenden Dualismen können ebenso nicht wegdiskutiert werden wie die aus dem Prinzip der Schöpfung ableitbaren psychischen und sozialen Gesetzmäßigkeiten, nach denen jedes Ding nur im Verhältnis und im Gegensatz zu den anderen Dingen das ist, was es ist. Ein Tisch ist etwa nur im Verhältnis zum Sessel aber auch zu allen anderen Begriffen – Dingen – das ist, was er ist.

Die menschliche Tragödie, die sich daraus ergibt, dass Menschen und Gemeinschaften ihre Identität nur durch die Herausheben ihre Identitätsmerkmale als Gegensatz zu den Anderen suchen und finden, beschreibt Professor Hofstätter: „Dass Gruppen, in dem sie sich selbst festigen, auch in Gegnerschaft zu anderen Gruppen geraten, ist die tiefe Tragik des menschlichen

Gemeinschaftslebens, der Gegenüber auch die christliche Weisung des »Liebe deinen Nächsten wie dich selbst fast stets machtlos gelblieben.« " (Hofstätter, 118–119.) Offensichtlich das ist der Grund, dass in unserer Zeit eine ganze Reihe nationaler Bewegungen zur Gründung neuer Staatengemeinschaften geführt haben. Offensichtlich intensiviert die Globalisierung den Willen nach Stärkung der eigenen Identität. Die Rechnung der Betreiber der Globalisierung ist bis heute nicht aufgegangen: Je mehr verwischt die Globalisierung die Merkmale der eigenen Identität, desto intensiver werden jene Verhaltensweisen, die die psychische Hygiene gekoppelt mit den Sozialmechanismen hervorrufen. Die wirtschaftlichen Interessen liegen offensichtlich auf einer anderen Ebene, als die von der Natur bestimmten Voraussetzungen des Menschseins auf der derzeitigen Evolutionsstufe.

3.8. Der lehrreiche Zerfall der Österreichisch-Ungarischen Monarchie.

Aus psychologischer und soziologischer Sicht ist sehr lehrreich, wie die Nachfolgestaaten der Österreichisch-Ungarischen Monarchie mit dem Bedürfnis nach psychischer Hygiene fertig geworden sind, trotzdem, dass diese Staaten ihren reinen Nationalstaatscharakter schon längst verloren haben. Ungarn ist durch seine tragische und ereignisreiche Geschichte –insbesondere durch die Folgen der fünfhundert Jahre langen Türkenbelagerung –

besonders arg betroffen: die Zahl der Ungar mit geradliniger Abstammung wird bloß etwa auf 50000 Menschen geschätzt.

Schauen wir uns mal an, warum konnten die Nachfolgestaaten der Österreichisch-Ungarischen Monarchie den Zerfall der Monarchie ohne bemerkenswerte psychischen Schäden überstehen.

Die Monarchie hat die Wanderung der Bürger verschiedener Nationen kreuz und quer der Monarchie erleichtert. Der Verlust des reinen Nationalstaatscharakters der Staaten ist zwar augenfällig in ganz Europa, insbesondere gilt es jedoch für die Nachfolgestaaten der Monarchie. Es genügt die Telefonbücher der Städte Wien, Budapest und Prag zu studieren. In diesen Telefonbüchern kommen massenhaft solcher Familiennamen vor, die aus dem Standpunkt der Urbewohner fremd sind. Der fremde Charakter der Namen bedeutet aber nicht, dass die Inhaber der „fremden" Namen anders sind als die Urbewohner. Die „fremde" Abstammung fehlt nicht auf, weil die Zugewanderten ließen sich damals in ihre neue Gesellschaft integrieren. Sie fallen durch Anderssein nicht mehr auf, und wecken keine Antipathie von Seiten der Urbewohner.

3.9. Das Anderssein als Problem

Das Anderssein wird nur dann problematisch und auch u. U. tragische Folgen nach sich ziehen, wenn die Integration mangelhaft ist oder zur Gänze fehlt, insbesondere dann, wenn das friedfertige Zusammenleben die Offensichtlichkeit verschiedener kulturellen Eigenheiten – Gewohnheiten und Gepflogenheiten – erschwert oder gar unmöglich macht.

Jener erfolgreich sozialisierte Bürger, der überzeugt ist – wenn er sich sozialemotional geschützt fühlen will, muss er davon überzeugt sein – dass die wahre und natürliche Kultur nur seine eigene sein kann, und dass er für die Bewältigung des Alltags das richtige tut. Wenn es ihm dennoch Tag für Tag deutlich vor Augen geführt wird, dass etwa sein Nachbar mit seinem „Anderssein" genauso gut zurechtkommt wie er, auch dann, wenn er aus der Sicht der eigenen soziokulturellen Wertvorstellungen böses und sittenwidriges tut, oder vielleicht noch erfolgreicher ist als er selbst, dann beginnt unser Bürger an die Verlässlichkeit seiner eigenen Kultur zu zweifeln, er muss an seine sozialemotionelle Geborgenheit Einbuße mit tragischen Folgen in Kauf nehmen. Das verminderte Selbstbewusstsein schwächt das Ich und veranlasst es eine permanente Verteidigungsposition einzunehmen. Die beste Verteidigung ist der Angriff, und die Angriffslust ist ein Merkmal neurotischer Reaktionen im Bündel mit den anderen Merkmalen der Neurose, wie übertriebener Stolz, übertriebene Ambitionen, Neid, Eifersucht, Hass, Kampfbereitschaft, Unruhe und Wut. Diese Merkmale der Neurose sind identisch mit den Charaktereigenschaften der Diktatoren, deren Gräueltaten in den Erinnerungen schmerzhaft lebendig sind. Vollständigkeitswegen müssen wir auch das sehen, dass die Geschichte der Menschheit von ständig wiederkehrenden wahnsinnigen Gräueltaten begleitet ist.

3.10. Verteidigungsbereitschaft, autoritäre Charakter und Neurose

Interessant und aufschlussreich ist die Ähnlichkeit zwischen der Neurose und dem autoritären Charakter. Th. W. Adorno nennt die folgenden Merkmale des autoritären Charakters: Ängstlichkeit, Angriffslust gegen die Schwächeren, Nachgiebigkeit gegenüber den Stärkeren, starre Überzeugungen, Freude an Befehlen, und übertriebene Freude an Anerkennungen, die von Autoritäten kommen. (1969.)

Zusammenfassend können wir folgendes feststellen und auch mit folgenden Argumentationen ergänzen: Wenn ein Bürger ständig damit konfrontiert wird, dass die Bedürfnisbefriedigung (schon in der Nachbarschaft) durch andere soziokulturellen Werthaltungen – möglicherweise sogar auf kriminelle Art und Weise – mit Hinweis auf die Notwendigkeit der Toleranz gegenüber dem Anderssein und den Minderheiten möglich ist, dann beginnt dieser Bürger an die Nützlichkeit und Wertigkeit seiner eigenen Kultur zu zweifeln. Er wird in seinem Tun und Handeln verunsichert, er verliert zunehmend seine sozial-emotionelle Geborgenheit, er wird neurotisiert und seine

Neigung zu autoritären – sprich gewaltsamen – „Lösungen" wird stärker. Im Mittelpunkt dieses Prozesses steht das Ich mit abnehmender psychischer Widerstandsfähigkeit.

3.11. Folgen der Verunsicherung der eigenen Identität

Die Antwort auf die Verunsicherung der eigenen Identität ist stets *verbitterte Aggression,* weil die Ich-Schwäche *verstärkt das Positivselbstbildbedürfnis und vermindert die Frustrationstoleranz – die Fähigkeit Enttäuschungen zu ertragen.* Die Intensivierung des Positivselbstbildbedürfnisses kann leicht zu Überzeugung führen ein höherwertigerer Mensch, bzw. eine höherwertige Rasse zu sein, und wir sind schon in Mitten des Chaos der Übermenschideologien. Wenn ein Volk, eine Nation oder Religionsgemeinschaft vom starren Sendungsbewusstsein gesteuert wird, ist der Weg zu Tragödie schon offen.

Der beschriebene Prozess der Neurotisierung und Fehlentwicklung der Persönlichkeit zum autoritären Charakter basiert im Entstehen auf Gesetzmäßigkeiten des Seelenlebens im Zusammenspiel von Ursache und Wirkung, bzw. Reiz und Reaktion, und durch Konsens wird daraus leicht eine schädliche Ideologie. Es ist ratsam die Psyche nicht zu reizen, etwa durch Forcieren der Globalisierung und die Mischung verschiedener Kulturen in einem zusammenhängenden Raum. Es ist ratsam, die

Wirkung der Sozialmechanismen – die Differenzierung in ausbalanciertem Zusammenhalt mit der Integration – wegen politischer Ambitionen nicht künstlich zu modifizieren. Die Modifizierung zu Gunsten zwanghafter Integration führt zum Kollektivismus und lähmt die Wirtschaft lahm, die Modifizierung zu Gunsten der Differenzierung führt zu rasanter Intensivierung der Verarmung einerseits, und anderseits dem Reichwerden. Beide Extreme sind mit psychischen und sozialen Spannungen geladen und die Spannungen verlangen nach Abfuhr. Es ist nur eine Zeitfrage, wann die Nähte reißen. Solange der Abfuhr der Spannungen blockiert werden – das Dämpfen der Spannungen auch durch totale Realitätsentfremdung möglich –hält die Desorganisation des Ich an. Der Prozess der Desorganisation des Ich eventuell überschreitet die neurotischen Reaktionen und mündet leicht in die Psychose, begleitet von latenten panischen Angstzuständen und Halluzinationen. Wenn dann die Halluzinationen durch Konsens als „die Wirklichkeit" definiert werden, dann haben wir jene Tragödien vor uns, die wir aus der Geschichte – hoffentlich mit lehrreichen Konsequenzen – gelernt haben.

Der beschriebene Prozess begründet es zu behaupten, dass die Toleranz gegenüber dem Anderssein eines der kardinalsten Probleme des friedlichen Zusammenlebens ist. Eine dauerhafte Lösung des Problems ist aber nur dann möglich, wenn die grundlegenden psychischen und soziologischen

Gesetzmäßigkeiten nicht ignoriert werden. Es ist auch klar, dass *das friedliche Zusammenleben von Menschen verschiedener soziokulturellen Wertvorstellungen nur dann möglich ist, wenn die Unterschiede der soziokulturellen Wertvorstellungen nicht so offensichtlich sind, dass diese den Glauben an die Wertigkeit der eigenen soziokulturellen Wertvorstellungen gefährden.*

Das Dilemma der einander widersprechenden Bedürfnisse ist tragisch. Die physisch- psychische Gesundheit des Bürgers hängt weitgehend von seiner Integration ab, von der Schutzfunktion, die nur das Wir vermitteln im Stande ist. Die Voraussetzung zur Erlangung der sozialemotionellen Geborgenheit ist der Glaube an der Wertigkeit und Nützlichkeit der eigenen soziokulturellen Werte. Wenn dieser Glaube erschüttert wird, dann geht die Überzeugung des Bürgers, dass er in einer geordneten Welt lebt, zunehmend verloren. *Geordnet ist eine Welt dann, wenn die Reaktionen auf bestimmte Reize – in einer Gesellschaft, in einer Gruppe, in einem Aggregat oder etwa in einer Partei- oder Religionsgemeinschaft – einheitlich sind, und dadurch man sich auf das Verhalten der anderen verlassen kann.* Wenn die Gleichförmigkeit des Verhaltens durch einheitliche Verhaltensmuster nicht gesichert werden, weil etwa die Normen der aus verschiedenen Kulturkreisen zugewanderten die Assimilation ablehnen, oder das neue Umfeld die Integration verweigert, dann fallen die Mängel der Gleichförmigkeit des Verhaltens irritierend auf. Die von den vorherrschenden Normen abweichenden Verhaltensweisen können nur dann auffallen, wenn die Wohn- und/oder Aufenthaltsorte der zu verschiedenen Kulturkreisen gehörenden Menschen den Einblick in das irritierende Anderseins möglich machen. Wenn innerhalb einer Gesellschaft, eines Ortes, eines Aggregats sich Menschen mit verschiedenen soziokulturellen Wertvorstellungen vermischt werden und dadurch ihre Verschiedenheit offensichtlich wird, oder gar das Anderssein stolz zur Schau getragen wird, dann geht das Gefühl in einer geordneten Welt zu leben, verloren. In diesem Fall ähnliche Reize rufen offen verschiedene Reaktionen hervor und schwimmt die sozialemotionelle Geborgenheit davon. Das Dilemma wird in seiner vollen Wucht sichtbar: Zur Entwicklung und Stärkung des Ichs – zur Selbstidentifizierung – ist *das Anderssein unerlässlich, es wird jedoch unter Umständen sogar zu todbringender Falle, wenn das Anderssein innerhalb einer Gemeinschaft irritierend offensichtlich wird und das Anderssein der sozialemotionellen Geborgenheit im Weg steht.*

3.12. Möglichkeiten zur Vermeidung der Konflikte

Die Voraussetzung des friedlichen Zusammenlebens in einer kulturell vermischten Gesellschaft könnte es sein, dass die Minderheiten *ihre eigene Kultur aufgeben* und sich integrieren lassen. Nach der Integration fehlt das

Anderssein weg, es gibt nichts mehr, was irritieren könnte. Die andere Möglichkeit ist die Schaffung von *Gebietsautonomien,* in denen die Minderheiten ihr eigenes kulturspezifisches Dasein leben können. In diesem Fall ist niemand in der Nähe, bei denen das Anderssein irritierend wirken und Gegnerschaft hervorrufen könnte. Das Anderssein in einer Gebietsautonomie könnte eher Neugierde nach der andersgearteten Lebensweise wecken und als Attraktion für den Fremdenverkehr dienen. Die Neugierde gefährdet die eigene Identität und sozialemotionelle Geborgenheit nicht. Irenäus Eibl-Eibesfeldt stellt fest: „Verschiedene Ethnien koexistieren am besten, wenn jede über ihr eigenes Siedlungsgebiet verfügt." (198.)

Die schweizerischen und belgischen Kantonen und in den Städten der USA die chinesischen, italienischen usw. Stadtviertel könnten den Beweis dafür liefern, dass auch in einem Vielvölkerstaat das friedliche Zusammenleben möglich ist, wenn die psychologischen und soziologischen Gesetzmäßigkeiten beachtet werden, in diesen Fällen so, dass jede kulturell klar definierbare Gemeinschaft in ihrem eigenem Gebiet nach ihren eigenen kulturellen Eigenheiten ungestört leben kann, so, dass diese kulturspezifische Eigenheiten innerhalb des Lebensraumes irritierend nicht auffallen. Aber auch diesen Fällen ist das Leben – nebeneinander – keinesfalls absolut problemlos, lediglich die Schärfe der Probleme wird wesentlich vermindert, und die Möglichkeit der offenen Austragung der Gegensätze fällt weitgehend weg.

Wenn die schon zur Verfügung stehenden wissenschaftlichen Erkenntnisse der Gesellschaftsgestaltung nicht zum Zug kommen, dann wäre eine hypothetische Möglichkeit friedlichen Zusammenlebens die Entdeckung eines Medikamentes, das fähig wäre die menschliche Evolution zu beschleunigen und die im Menschen noch immer vorhandenen animalischen Triebe zu beseitigen, oder wesentlich zu vermindern. Natürlich kann diese hypothetische Möglichkeit die Verantwortung derjenigen nicht mindern, die auf Grund ihrer Macht die Möglichkeit hätten, die wissenschaftlich fundierten Kenntnisse der Gesellschaftsgestaltung anzuwenden. Diese Machtzentren sind entweder uninformiert, verfügen über die diesbezüglichen Kenntnisse nicht, und wenn doch, dann sind sie Gefangene ihrer eigenen animalischen Triebe, und sie sind unfähig sich gegen diese zu währen. Mit anderen Worten: So lange das menschliche Verhalten in wesentlichen Belangen des Daseins die von der Natur bestimmten animalischen Trieben gelenkt wird, *weil die Gesellschaft dieses Problem laissez-faire Weise nicht auf Grund der wissenschaftlichen Erkenntnisse zu lösen im Stande ist, wird das Problem der menschlichen Unvollkommenheit weiterhin viel Leid verursachen.* Diesbezüglich ist wohl angebracht auf das Zitat von Hofstätter noch einmal hinzuweisen, in dem er auf das Scheitern des Christentums in diesen Belangen – im

Belangen der Schaffung eines neuen Menschentyps – aufmerksam macht. (118-119.)

3.13. Europa heute und der neue Mensch

Wie wir es wissen, auch die kommunistische Ideologie hat auf die Geburt eines neuen Menschentyps vergeblich gewartet. Nur der angloamerikanischen neoliberalen Philosophie ist es gelungen eines neuen, völlig anderen Menschentypus zu konditionieren, *allerdings* einen solchen, der den Gegensatz des von religiösen und parteireligiösen – kommunistischen – Philosophie erträumt war. Das nicht offen ausgesprochene Ziel des Neoliberalismus ist nicht die Kanalisierung, sondern die Intensivierung der animalischen Triebe, weil man sie zum Konkurrenzkampf gut brauchen kann. Die animalischen Triebe, unterstütz von dieser Ideologie, gedeihen wie der Kraut in Gewächshaus, und Europa ist so ein Gewächshaus. *Da ist eben das wahre Problem des gemeinsamen Europas!*

3.14. Sündhaftes Ignorieren des Gesetzes der Umkehrung der beabsichtigten Folgen eines Verhaltens

Zurückkommend auf die Identifikation, müssen wir betonen, dass die psychischen und soziologischen Gesetzmäßigkeiten durch formale Gesetze und Verordnungen nicht ungültig gemacht werden können. Je mehr versucht wird aus ideologischen Gründen die Mischung verschiedener kulturspezifischen Gruppierungen durchzusetzen, desto mehr wachst der Widerstand dagegen, und desto mehr Hass wird erzeugt. Und wir stoßen wieder auf Uninformiertheit – auf Wissensmangel – oder auf das *Ignorieren* auch solcher Kenntnisse, die schon seit Jahrtausenden bestens bekannt sind. *Die psychologische Gesetzesmäßigkeit der Umkehrung der beabsichtigten Folgen eines Verhaltens* ist nämlich schon seit Urzeiten – mindestens seit zweitausend Jahren – bekannt. Das Wesen dieser psychologischen Gesetzesmäßigkeit basiert auf die Doppelgleisigkeit menschlicher Natur: der Mensch verkörpert rationale und irrationale Eigenschaften. Wenn wir sagen: eins plus eins sind zwei, und eins minus eins ist null, dann sind wir im rationalen Bereich der Existenz. Verallgemeinert: $+ + = 2+; + - = 0$. Jedoch jene Prozesse und Zustände, die die Natur automatischen, motorischen oder vegetativen Mechanismen unterworfen hat, verhalten sich irrational: Je mehr man sich mit Willen in die Mechanismen einmischt, diese verändern will, schlägt die Natur zurück und man bekommt gerade das Gegenteil, was man beabsichtigt. Bloß das Konzentrieren auf die naturbedingten Mechanismen wertet der Organismus als Angriff auf den Willen der Natur, und schlägt zurück. Die Vereitelung der beabsichtigten Folgen solcher Verhaltensweisen ist als Verteidigungsmechanismen der Natur zu sehen, und als Strafe für das Ungehorsam der

Natur gegenüber zu werten. In solchen Fällen versagt die Logik, der irrationalen Ursprung (= Null, das den + und – widerspruchsfrei in sich vereinigt) manifestiert sich: + – = 2+ und + + = 0. Solange wir von Material reden, gilt das Prinzip des Rationalen. Wenn wir uns permanent in Bereichen höherer Stufen der Evolution wagen, müssen wir allmählich mit verstärkten irrationalen Erscheinungen rechnen. Nicht um sonst hat Ovidius den sexuellen Rat gegeben: „Wenn du willst, dass ich dich noch mehr wünsche, sage nein!" Also: Die sexuelle Erregung gibt es: +. Dagegen zu sein: –. Das Ergebnis: der ursprüngliche Erregungszustand (+) wird verstärkt: + – = 2+. Wenn jedoch jemand seine sexuelle Erregung mit Willen verstärken will, also den Willen der Natur mit eigenen Willen beeinflussen will, dann wird die sexuelle Erregung verspielt und bezahlt man mit seelischem Impotenz oder seelischer Frigidität: + + = 0. Es gibt massenhaft Beispiele für das Wirken der Umkehrung der beabsichtigten Folgen eines Verhaltens aus der Praxis, aus dem Bibel, Talmud und aus anderen Schriften.

Bei Mate Evangelist ist zu lesen: Wenn jemand sich erniedrigt, wird dadurch noch größer (+ – = 2+). Weitere, durchaus nicht vollständige Beispiele aus dem Bibel: Wenn jemand wertvoller sein will, soll eurer Diener werden, und wenn jemand der erste sein will, soll euer Magd sein. Wenn jemand sein Leben retten will, verliert das, wenn jemand meinetwegen sein Leben verliert, gewinnt das Leben.

Im Babylonischen Talmud u. a. heißt es: Versuche deinen Mitmenschen nicht zu beruhigen, in dem Moment ihn der Zorn ergriffen hat. Der Zorn gibt es: +. Dagegen zu sein (–) verstärkt den Zorn: $+ - = 2+$. Oder: Versuche deinen Mitmenschen nicht zu beruhigen, solange der Tote vor ihm liegt. Versuche denjenigen nicht zurückzuhalten, in dem Moment er beschlossen hat, zu gehen. (18.)

Lao-Ce in Tao Te King schreibt: Wenn jemand glitzern will, wird matt, wenn jemand sich lobt, der wird nicht anerkannt, wenn jemand eingebildet ist, dem wird seine Führungsposition angezweifelt. (42.2)

Hingegen das Gebot, „Es soll nach Deinem willen (+) geschehen (+)", gibt es für die Umkehrung der beabsichtigten Folgen eines Verhaltens keine Chance: $+ + = 0$.

Frankl beschreibt einen Fall aus seiner Praxis. Ein Violine-Künstler wollte seine Kunst willentlich verbessern, und versagte kläglich. Das künstlerische Können liegt nicht auf der Ebene des Bewussten, er wollte aber gegen den Willen der Natur seinen Willen zur Förderung seines Könnens verwenden. (1979. 69.)

Pongratz schreibt, dass Frankl die Umkehrung der beabsichtigten Folgen eines Verhaltens seit 1929 – als paradoxe Intention – in seiner Praxis als Logotherapie mit Erfolg verwendet hat (1987). Nach Auftreten von Frankl begann eine wissenschaftliche Inflation und man versuchte die paradoxe Intention mit verschiedenen Namen zu verwerten: anxiety provoking, exposure in vivo, flooding, implosive therapy, induced anxiety, modeling, modification of expectations, negative practice, prolonged exposure, usw.

3.15. Beispiele aus der Gesellschaftsgestaltung

Ziehen wir die notwendigen Konsequenzen für den Bereich der Gesellschaftsgestaltung. Hier sind einige Beispiele.

Es kommt *natürlich* vor, dass Menschen sich weigern ihre Kinder mit solchen Kindern in eine Schulbank zu setzen, die vom Elternhaus das Anderssein hartnäckig vertreten und die Abneigung gegenüber der Mehrheit offen zeigen, und oben darein, die Kinder der Mehrheit mit ihren Anderssein moralisch in eine Richtung beeinflussen, die mit der Kultur der Mehrheit unvereinbar ist. Diesbezügliche Zwangsmaßnahmen sind eher dazu geeignet, die Antipathie zu steigern, statt dies zu besänftigen. *Mutatis mutandis* gilt es im Allgemeinen.

Auf Dauer ist unhaltbar, dass die Homosexualität von liberalen Strömungen angloamerikanischer Art in die Sphäre des Normalen gehoben und als soziokultureller Wertträger qualifiziert wird. Je mehr die Homosexuellen sich mit Aufmärschen legalisieren und aufdrängen wollen, desto mehr stoßen sie auf den Widerstand und Ablehnung der Mehrheit. Die Homosexualität ist Privatsache und als Neigung muss diskret toleriert werden, aber nicht mehr. Es ist kein Zufall, dass die Natur Geschlechter geschaffen hat, und dass das männliche Geschlechtsteil bewundernswert in das weibliche Geschlechtsteil passt.

Es ist unsinnig die Menschen einreden zu wollen, dass die Europäische Union – und wenn diese nicht, dann die Vereinigten Staaten von Europa – für jeden menschenwürdigen Lebensstandard – von Lebensqualität gar nicht zu reden – sichern kann, wenn die Menschen die katastrophalen Vorgänge materieller, moralischer, sozialer und finanzieller Natur in der Union, und mit weniger Ausnahmen weltweit fast mit den Händen greifen können. Je mehr die Wirtschafts- und Gesellschaftsordnung *auf Basis des Liberalismus angloamerikanischer Art der Union* gelobt wird, desto mehr eskalieren die feindlichen Gefühle der Verlierer breiter Bevölkerungsschichten der Globalisierung gegen die Globalisierung und gegen die Union. Das Dilemma ist eben die Umkehrung der beabsichtigten Folgen eines Verhaltens. *Die Quelle dieses Dilemmas – wie schon gesagt – ist die Natur selbst mit ihren psychologischen und soziologischen Gesetzmäßigkeiten, deren Auswüchse und animalische Züge – wie wir es später sehen werden – zwar durch Konsens und Konditionierung (Gewohnheitsbildung) wesentlich gemildert werden können, aber, wenn diese Möglichkeiten der Gesellschaftsgestaltung nicht im positiven Sinn genützt werden, sondern das Verhalten mit Assoziationsangeboten in die entgegen gesetzte Richtung konditioniert werden und zu Grenzenlosigkeit ermutigen, dann befinden wir uns leicht in einer Gesellschaft, in der sich die Kriminalität etwa sechs jährlich verdoppelt.* Der Staat verhält sich wie Pilatus. Er wäscht die Hände und beruft sich auf die Menschenrechte, die vom Großkapital aufgepäppelten Privatorganisationen oft sträflich missinterpretiert werden. Die Staatsmacht – vermutlich mangels einschlägigen Wissens und Konsens – überlässt das Anbieten von Assoziationsangeboten im Namen einer falsch verstandenen Freiheit ohne Kontrolle den Vertretern der Privatinteressen. Und es gibt keine Garantien dafür, dass in den Vereinigten Staaten von Europa es anders sein wird. Der Einfluss des Amerikanismus ist viel zu stark. Hinter dieser Stärke stehen fantastisch anmutende Strukturen des Privat- und Finanzvermögens, die den Wandel der Persönlichkeit und der Gesellschaft im Sinne der psychologischen und soziologischen Gesetzmäßigkeiten kaum friedlich möglich macht. Schauen wir die diesbezüglichen Alternativen an.

3.16. Alternativen bei vermischten Bevölkerungsstrukturen

3.16.01. Integration durch Achtung der Gewohnheiten und Gepflogenheiten der Mehrheit

Eine der Möglichkeiten des friedlichen Zusammenlebens *bei vermischten Bevölkerungsstrukturen* – wie etwa bei einer Föderation der europäischen Staaten – wäre das „Aufgeben" der Kultur der Minderheiten. Und das klappt gegenwärtig nicht einmal im Falle größerer Weltstädte.

London, Marseille, Sankt Franzisco, New York sind nur einige Beispiele für chaotische babylonische Zustände.

Deutschland hat das Türkenproblem noch lange nicht gelöst.

Über Unabhängigkeitsbewegungen berichten die Medien täglich. Trotzdem hat die Europäische Union – im Schwung der Globalisierung – die Staatsgrenzen aufgehoben und den Weg für die freie Völkerwanderung quer durch Europa freigegeben. Aber die Globalisierung verlangt noch mehr, als das. Sie verlangt – analog zu freier Strömung des Kapitals – Reisefreiheit und die freie Niederlassung jedermanns dort, wo es ihm passt und es gleichzeitig den Interessen des Kapitals dient. Das Kapital braucht u. a. billige Arbeitskräfte. Und im Endeffekt bedeutet das mehr, als freie Völkerwanderung innerhalb Europas! Das bedeutet auch freie Völkerwanderung zwischen den Kontinenten. Das Ergebnis könnte europaweit so aussehen, wie etwa die Zustände in London, in Marseilles oder in Paris. Wenn diesen Weg das Kontinentaleuropa beschreitet, könnten sich die Minderheitsprobleme manchenorts weiter stark verstärken.

Das „Aufgeben" der eigenen Kultur könnte bedeuten sich nur nach außen hin integrieren zu lassen. Wichtig ist, dass die Verunsicherung – sogar das Schockieren – der heimischen Bevölkerung bzw. die Mehrheit durch totales Anderssein nicht augenfällig wird, und nicht der Eindruck erweckt wird, dass die Integration unmöglich ist, wie zum Beispiel bei den Aufmärschen der Homosexuellen die Regel ist.

Bloßes Schauspiel des Aufgebens der eigenen Kultur genügt aber nicht! Man muss vielmehr Achtung vor den Gewohnheiten und Gepflogenheiten des Mehrheitsvolkes haben, sich an kulturspezifischen Veranstaltungen teilnehmen und zeigen, dass man bereit ist sich ihnen anzuschließen. Sehr aufschlussreich sind die diesbezüglichen Erfahrungen eines ehemaligen Flüchtlings in Österreich, der die hier behandelte Problemlösung schon in den Sechzigerjahren erkannte. Das Schicksal hat ihn in Steiermark verschlagen. Er war gegenüber seinen Kollegen hilfsbereit und bescheiden, erschien in seinem Arbeitsplatz in Steirertrachtenanzug und erntete prompt begeisterte Ovationen. Innerhalb kurzer Zeit wurde er zum ersten Personalvertreter gewählt und bald darauf zum Direktor der Anstalt ernannt. Und dies trotzdem, dass viele andere heimische Bewerber versucht haben die Stelle zu bekommen. Und noch mehr: Er hätte nicht den Mut gehabt, von sich aus um die Stelle zu bewerben, vielmehr wurde er von kompetenten Stellen ermutigt, dies zu tun. Sein Motto: „Die Heimat ist dort, wo man gebraucht und geschätzt wird" – hat ihn zum eindrucksvollen Erfolg verholfen. In diesem Sinne – in Achtung des jeweiligen kulturellen Umfeldes – hat er in der Öffentlichkeit getrachtet auch mit seinen Familienmitgliedern Deutsch zu sprechen ohne seine Wurzeln zu leugnen: In seinem Heim hat er die aus einer

Budapester Kirche in der kommunistischen Herrschaft entfernte Pfadfinderfahne auf Ehrenplatz zentral gelegen aufgestellt und die Familienmitglieder sprachen zuhause vorwiegend ungarisch. Die Einheimischen konnten ihren Namen schwer aussprechen, deshalb nannten ihn untereinander „der ungarische Direktor". Er hat also trotz seiner Loyalität gegenüber seiner neuen Heimat in den Augen der Einheimischen seine ursprüngliche Identität nicht verloren. Im Gegenteil: Er blieb weiterhin ein Ungar in Österreich, oder noch besser: er war ein loyaler Österreicher mit ungarischer Abstammung. Seine ungarische Herkunft wurde durch Anderssein keine Gefahr für Einheimische, sondern vielmehr machte ihn durch sein unerwartetes loyales Verhalten interessant und sympathisch. Das scheint ein gutes Rezept – *mutatis mutandis* – für die Lösung der Minderheitsprobleme *bei vermischten Bevölkerungsstrukturen* zu sein.

3.16.02. *Totale Integration und die Dominanz speziell in der EU*

Eine andere Alternative der Lösung der Minderheitsprobleme *bei gemischten Bevölkerungsstrukturen* ist *die totale Integration,* welche die Aufgabe der ursprünglichen eigenen Kultur bedeutet. Wenn wir diesen Weg wählen, dann ersetzen die konditionierten neuen soziokulturellen Werte vollwertig jene sozialemotionelle Geborgenheit, die vorher der Glaube in den ursprünglichen soziokulturellen Werten zu geben im Stande war. Wenn die Integration nur nach außen hin – aber mit Achtung der Kultur der neuen Gesellschaft – demonstriert wird, dann erlangt der Mensch die sozialemotionelle Geborgenheit dadurch, dass er keine Feinde schafft, und unter Umständen als eine interessante Persönlichkeit angesehen wird.

Wenn die totale Integration vollständig ist, dann mit der gelassenen Kenntnisnahme dieser Tatsache sagen wir mehr, als das, dass es sich nicht auszahlt nach der ursprünglichen Kultur zu trauen, weil es keine wahre Kultur gibt, nur solche gibt es, die für die Zugehörigen einer Gesellschaft wichtig ist. Aus dieser Tatsache ausgehend könnten wir sagen, dass das Aufgeben der eigenen Kultur nicht problematisch ist, jede Minderheit – auch global – kann beruhigt ihre soziokulturellen Werte zu Gunsten der stärkeren, größeren, mächtigeren, einflussreicheren aufgeben. Im Klartext bedeutet es, dass Europa nach dem zweiten Weltkrieg als Huldigung dem Sieger, dem Helfer, dem Beschützer gegen den Kommunismus, dem Hüter und Garant der Demokratie, *selbstverständlich* übernahm die schon immer liberale und später neoliberale angloamerikanische Kultur und gab wesentliche Merkmale ihrer eigenen Identität auf. Damit leistete Europa einen wesentlichen Beitrag zur Globalisierung, zur Vereinheitlichung der Welt zu einer Konsumgesellschaft ohne Grenzen. In Hinblick darauf, dass die angloamerikanische Kultur im Profitrausch die Freiheit oft mit Willkür und Zügellosigkeit verwechselt, kann man nicht am geringsten daran wundern, dass heute die Spekulation, die aus Geschäftsinteressen erfolgten Währungsabwertungen, die Verschuldung der Privaten- und Staatshaushalte, begleitet von ungeheurer sozialen Differenzierung, das ordentliche Regieren und Regulieren auch größtes Problem Europas geworden ist. Die Europäer wachten aus dem Freiheitsrausch angloamerikanischer Art zu spät auf, und es gibt noch immer bedeutende politische Kräfte, die in der totalen Freiheit der Marktmechanismen die Zukunft Europas und der Welt sehen.

Jetzt versucht die EU mit strengen Maßregelungen im Bereich der Staatshaushalte das zu regulieren, was Europa durch die Freiheitspest des Amerikanismus – durch Verleiten zu Zügellosigkeit und Aufgeben des umsichtigen Wirtschaftens mit Steuergeldern – verloren hat. Das Regulieren ist nach Meinung der Politiker der EU – mit Recht – nur durch weitere Einschränkungen der Eigenständigkeit der Mitgliedstaaten möglich. Solange die Gestaltung der Staatshaushalte von Eigeninteressen und Ambitionen der Politiker abhängt, bleibt Europa lebensunfähig und ist als Gemeinschaft gezwungen die bankrotten Staaten mit Steuergeldern der leistungsfähigen Bürger zu retten. Natürlich gibt es irgendwo mal eine Schmerzgrenze. Diese ist endgültig erreicht, wenn die Forderung nach Gründung der Vereinigten Staaten Europas verwirklicht wird. Auch in diesem Fall sehen wir einen unüberbrückbaren Widerspruch vor uns: Ohne Vereinigten Staaten Europas bleibt die lebensfähige Einheit Europas bloß ein Wunschtraum. Wenn aber die

Vereinigten Staaten von Europa zustande kommt, dann entsteht eine neue Quelle der Konflikte: Die Eigenständigkeit der Mitgliedstaaten und die damit verbundenen soziokulturellen Eigenheiten müssen Großteils aufgegeben werden, wobei *die Dominanz* den größeren, stärkeren und einflussreicheren Staaten *naturgemäß* überlassen werden muss. Eibl-Eibesfeldt warnt: „Auf der Basis einer regionalen Verwurzelung können auch verschiedene Ethnien in einem multinationalen Staatsgebilde in einer freundschaftlichen Föderation verbunden sein. Es muss nur sichergestellt werden, dass *keine Ethnie über die anderen dominiert.*" (Eibl-Eibesfeldt 198.) Also, die Föderation jener Staaten, die auffallend verschiedene Dominanz haben – egal, ob sie ihre Dominanz haben wollen oder nicht – kann der Zusammenschluss aus der Sicht der Dominanz nicht empfohlen werden. In der Europäischen Union kann man jetzt schon klar den Kreis der dominanten Staaten zu erkennen. In einer künftigen Vereinigten Staaten von Europa wird – muss – die Dominanz zwangsläufig noch stärker zum Vorschein kommen, denn man kann von den unverhältnismäßig stärkeren, größeren und leistungsfähigeren Staaten nicht erwarten, dass sie zwar die Hauptlasten der Gemeinschaft – mit Deutschland an der Spitze – tragen, und die kleineren, fast bedeutungslosen Staaten ihre unverhältnismäßigen Ambitionen zur Geltung bringen. Die Dominanz und die damit verbundenen Probleme könnten dann u. U. die Vereinigten Staaten von Europa sprengen. Dies gilt insbesondere dann, wenn die Regierungen der kleineren Staaten mit solchen Forderungen operieren, welche die Bevölkerung der dominierenden größeren Staaten zunehmend teilen.

Die Dominanz gehört nicht zu jenen Phänomenen, wonach man fragen muss. Die Dominanz gibt es. Zum Beispiel, es hat niemand danach gefragt, ob die weltweite Verbreitung der englischen Sprache – die englische Sprachkultur – jemand übernehmen will oder nicht. Es hat niemand danach gefragt, ob die Europäer Coca-Cola trinken wollen, ob sie bei Mac Donald und in ähnlichen Schnellimbissen essen wollen, und damit die amerikanischen Speisegewohnheiten – die Esskultur – übernehmen wollen oder nicht. Es hat niemand danach gefragt, ob durch die Übernahme von amerikanischen zügellosen kulturellen Eigenheiten auch in Europa die Kriminalität in unerträglichem Ausmaße steigen wird. Wenn in Amerika Wirtschaftskrise in Sicht ist, hört man, dass diese auch in Europa spürbar sein wird. Auch innerhalb der künftigen Vereinigten Staaten von Europa kann die Dominanz nicht wegdiskutiert werden. Die Dominanz wird auch hier in allen Lebensbereichen spürbar sein: größere, stärkere und leistungsfähigere Staaten werden dezent aber doch herrschen und diktieren. Schon heute spricht es sich herum, dass die multinationalen Handelsketten nach Österreich minderwertigere Waren liefern, und die ehemaligen Ost-blockstaaten noch minderwertigere Waren zu liefern bekommen.

Je kleiner und überschaubar die Gruppierung, desto klarer und ausgeprägter ist die eigene Identität und die sozialemotionelle Geborgenheit, die eine der wichtigsten Grundlagen der physisch-psychischer Gesundheit ist. Wenn die Aufgabe der eigenen Souveränität weiter fortschreitet, kommen wir zu „ersehnter" globalisierten Kultur, wobei die Identität sichernde kulturelle Unterschiede verschwinden und der Mensch steht dann in der „grenzenlose" Welt ohne Wurzeln, ohne Halt in einer unüberschaubaren Gemeinschaft. Wir haben hier ein fast unlösbares Dilemma vor uns, das wahrscheinlich nur durch Beschreiten eines gemäßigten Mittelweges – mittels Anwendung der einschlägigen wissenschaftlichen Erkenntnisse – halbwegs beherrschbar ist.

3.16.03. Behalten der eigenen Kultur mit gebietsmäßiger Abgrenzung ohne Integration

Wenn wir den Standpunkt vertreten, die Minderheiten sollen ihre Kultur und Identität nicht aufgeben, und dennoch wollen wir die systemimmanenten Spannungen vermeiden, dann müssen wir raten, dass sie sich gebietsmäßig abgrenzen und sich mit den Einheimischen nicht mischen. Aber bitte, *der Globalisierung hat gerade das Mischen der Ethnien zu einer einheitlichen Konsummenschheit zum Ziel gesetzt!*

Das Beibehalten der eigenen Kultur führt zur Bildung örtlicher Aggregaten (Stadtviertel, national und bekenntnismäßig selektierte Siedlungen) in denen die Individuen der Minderheiten sich heimisch fühlen können, aber gleichzeitig verschließen sie den Weg zur Integration, und auch das ist nicht problemlos. Denken wir etwa auf das Türkenproblem in Deutschland.

Dadurch, dass eine Minderheit nicht bereit ist ihre Kultur und Identität aufzugeben, und sich in Gettos zurückzieht, erweist zwar der Mehrheit einen Dient, aber gleichzeitig disqualifiziert sich selbst. Nämlich, das Wesen der Sozialmechanismen ist die Differenzierung und die Integration, d. h. ohne Differenzierung gibt es keine Integration, und umgekehrt, Integration ist nur nach dem Abschluss des Differenzierungsprozesses möglich. Wir könnten es auch so formulieren, dass die Integration ist die Stabilisierung der Ungleichheit. Wenn der Prozess der Differenzierungs-Integration nicht vollendet wird, und die Minderheit sich in Gettos zurückzieht, dann verlieren die Sozialmechanismen an Intensität, weil die direkten Konfliktkontakte – das Wahrnehmen des verunsichernden Andersseins – wegfallen und die Mehrheit bekommt, was sie anstrebt: Das Anderssein in unmittelbarer Nähe nicht ertragen zu müssen.

Um das Problem von einer anderen Warte zu nähern, können wir folgendes feststellen: Wie schon

66

gesagt, das Ziel der Globalisierung ist die Züchtung einer einheitlichen – auf Verbrauch eingestellten und nach Gewinn, im Allgemeinen nach Vorteil und Genuss strebenden – Menschenrasse, durch Mischung der Rassen und durch Schaffung einer neuen Weltkultur, die sich an den angloamerikanischen neoliberalen soziokulturellen Werten orientiert. Diese Kultur ist „vom Kopf bis zum Fuß" auf Kampf eingestellt, deren Verlierer natürlich immer die Schwächeren sind. Die Verlierer sind die Sozialschwächeren, und global gesehen, die schwächeren Staaten der europäischen Union, oder gegeben falls die kleineren Nationen innerhalb der Vereinigten Staaten von Europa. Diese Feststellung kann offensichtlich nur diejenigen überzeugen, die aus dem psychischem Hintergrund getriebene Macht der Sozialmechanismen klar sehen und wissen, dass diese Naturgesetze sind, die für Lebewesen – *mutatis mutandis* – auch für Menschen gelten. Die Geltung kann zwar nicht aufgehoben werden, aber mit Hilfe des Konsenses und der Konditionierung ist sie im positiven Sinn beherrschbar. Aber dafür muss man etwas tun. „Während im Privatleben nur ein Wahnsinniger bei der Bedrohung seiner gesamten Existenz untätig werden würde, unternehmen die für das Öffentliche Wohl Verantwortlichen praktisch nichts, und diejenigen, die sich ihnen anvertraut haben, lassen sie gewähren. (Fromm 21.)

4. Der Gegensatz zwischen dem Bedürfnis der Aufrechterhaltung der Nationalstaaten und dem Bedürfnis nach Einschränkung der Souveränität

4.1. Das Für und Wider

„Ein großer Staat will größer werden, die kleinen Vereinigen und diese im Leben zu erhalten; ein kleiner Staat wartet bloß darauf, dass er anerkannt wird und den großen Staaten dienen kann. Jeder kann bekommen, was er will, aber die großen Staaten müssen es begreifen, was Bescheidenheit bedeutet. (LAO-CE 61.4.)

Sehr stark ist der Widerspruch zwischen dem Bedürfnis der Selbstidentifikation, Souveränität und der Globalisierung. Die Souveränität fördert die Selbstidentifikation, und diese können eher die Nationalstaaten befriedigen. Die Globalisierung – zumindest theoretisch – kommt der Solidarität zu Gute und setzt die Durchsetzung der Idee der Internationalität, bzw. Multinationalität voraus. *Den Widerspruch zwischen den einander widersprechenden Bedürfnissen kann in Hinblick auf den Stand der derzeitigen physisch-psychische Entwicklungsstufe des Menschen auch in dieser Hinsicht kaum aufgehoben werden.* Es scheint – es ist aber auch logisch – dass die multinationalen Staatsgemeinschaften ohne die Begrenzung der Souveränität nicht lebensfähig sind. Die ehemalige Sowjetunion hat zwar die Eigenständigkeit der

Satellitenstaaten betont, doch hat sie es nicht gescheut die Breschnew-Doktrin zu verkünden. Diese Doktrin legte die Grenzen der Souveränität der Satellitenstaaten fest. Auch die USA könnte ohne die Begrenzung der Souveränität der Bundesstaaten nicht stabil existieren: Die gemeinsame Währungsunion, die zentralisierte Außen- und Verteidigungs- bzw. Angriffspolitik sind die tragenden Elemente und die Stärke der Vereinigten Staaten von Amerika. Es wäre naiv zu denken, dass die Europäische Union auf Dauer auf noch intensivere Begrenzung der Souveränität der Mitgliedstaaten verzichten kann, wenn sie stabilen Bestand haben und es vermeiden will, dass sie sich wegen der permanenten Krisen der noch in wesentlichen Belangen souverän operierenden Mitgliedstaaten lächerlich macht.

4.2. Schachmatt

Die Politiker der führenden größeren Staaten Europas haben schon zum Ziel gesetzt, innerhalb der Europäischen Union das Prinzip der undifferenzierten Gleichheit aufzugeben und das streng demokratische Prinzip einzuführen. Die Demokratie basiert auf dem Mehrheitsprinzip. Das bedeutet, dass größere Staaten haben das Recht mehr mitzureden als die kleineren, und die ganz kleinen sind auf Bedeutungslosigkeit verurteilt. Die Dominanz ist auch hier unvermeidbar. Wenn die kleineren Staaten in allen Belangen Vetorecht hätten, dann wäre es natürlich ganz was anderes. Aber damit wäre auch die erhoffte Stärke der Vereinigten Staaten Europas vernichtet. Schachmatt.

4.3. Das Deutsch-französische Bündnis

Machen wir keine Illusionen. Der Motor der globalen Entwicklung innerhalb der Europäischen Union war (ist?) das deutsch-französische Bündnis. Nach dem Sarközi die Wahlen verloren und Hollande das Ruder übernommen hat – wegen ideologischen Unterschiede zwischen Merkles und Hollande – dachte man, dass „das goldene Zeitalter" beider Staaten vorbei sei. Merkl und Hollande demonstrierten jedoch ihre Einigkeit. Wahrscheinlich spielte dabei dem Bestreben der Vormachtstellung Großbritanniens entgegenzuwirken. Wie es hinter den Kulissen wirklich ausgeschaut hat weiß natürlich niemand. Sowohl die Gegnerschaft wie auch die Überbetonung der Solidarität eignen sich das Selbstbild aufzupolieren. Die deutsch-französische Freundschaft durch die Wahl von Emmanuel Macron zum Präsidenten von Frankreich – trotz ideologischen Unterschiede zwischen Merkel und Macron – wird wahrscheinlich keine Änderung der Beziehungen zwischen Frankreich und Deutschland bewirken. Um die vornehme und führende Rolle in der zukünftigen Weltmacht von Vereinigten Staaten von Europa behalten zu können ist derzeit noch eine starke Motivation dafür, dass man über die ideologischen Unterschiede hinwegschaut. Jedoch die Qualität langfristiger Beziehungen zwischen Deutschland und Frankreich könnten nicht nur durch die ideologischen Differenzen getrübt sein, sondern auch durch die offenen – durch die Bevölkerungszahl und die wirtschaftliche Leistungsfähigkeit unbegründeten – Hegemonie-Bestrebungen Frankreichs in Brüche gehen. Es ist eine Tatsache, dass die Beziehungen zwischen Frankreich und Deutschland durch den Nationalismus Frankreich belastet ist. Deutschland, der Verlierer des zweiten Weltkrieges, musste beigeben, als Frankreich die gleiche Stimmrente im Europäischen Parlament forderte, als es Deutschland auf Grund seines Stimmpotenzials hat. Deutschland hat etwa um zehn Millionen mehr Einwohner, als Frankreich. Wir könnten es auch so sagen, dass dem Streben nach Hegemonie Frankreichs gegenüber Deutschland entspricht etwa dem Stimmenpotenzial Österreichs oder Ungarns. Also machen wir keine Illusionen: Wenn schon zwischen den zwei Schlüsselstaaten der europäischen Globalisierung die Demokratie derart verzehrt sein kann, *welche Aussichten haben dann die kleineren Staaten in den künftigen Vereinigten Staaten von Europa?* Das ist eine wichtige Frage, die nach meiner Ansicht unbedingt geklärt werden muss, bevor die kleineren Staaten sich einer sehr engen Vereinigung anschließen. Ich sehe keine Garantie dafür, dass die nationalen Interessen – wie in den Beziehungen zwischen Deutschland und Frankreich – keine verzehrte Demokratie hervorrufen werden. Die Dominanz geht für alle Fälle den verbalen Erklärungen vor. Damit wird das Dilemma um die

Gestaltungsmöglichkeiten Europas wieder klar: Wenn Europa neben den dominanten Mächten auf dem Globus Bestand haben will, muss er dennoch mit enger Vereinigung seine Stärke suchen. Auch die kleineren Staaten müssen es abwiegen, ob sie isoliert in einer globalen und verstärkt auf Konkurrenzkampf organisierten Welt mit ihren Problemen allein fertig werden können. Das Für und Wider wird für die europäischen Staaten – außer der Schweiz – in der nächsten Zeit eine zunehmende Zerreißprobe bedeuten. Eben: Man kann nicht nur die Vorteile einer Situation in Anspruch nehmen und die Nachteile abweisen.

4.4. Der Einfluss der USA

Man muss auch sehen, dass das deutsch-französische Bündnis – der Kern der zukünftigen Vereinigten Staaten von Europa – nie ganz souverän war und nicht ganz souverän ist, denn es kopierte und kopiert weiterhin die soziokulturellen Werte der Vereinigten Staaten von Amerika.

Das Bündnis zwischen Merkl und Sarközi trug wesentlich dazu bei, dass Europa die traditionellen europäischen soziokulturellen Werte noch offensichtlicher aufgab, als bisher, unter dem Einfluss der weltweiten Verbreitung des Amerikanismus nach dem zweiten Weltkrieg. Damit büßte Europa an seine früher unverkennbare – christlich genannte – aber von blutigen Kriegen gezeichnete Eigenständigkeit und Identität ein, das neben den Gewinn des heilsamen Friedens natürlich auch die schwerwiegenden Folgen des Identitätsverlustes mit sich brachte. Hollande, als ideologischer Gegner Merkels – auf Grund seiner Äußerungen vor seinem Wahlsieg zu urteilen – ist kein geistig blinder Nachahmer des ungezügelten Kapitalismus angloamerikanischer Art. Die Frage war, ob die schon seit Ende des zweiten Weltkrieges stark konditionierten Verhaltensmuster und von der nach amerikanischen soziokulturellen Werten umgekrempelten Rechtsordnung eine Abkehr von dem schon Gewohnten überhaupt möglich macht. Offensichtlich nicht. Hollande als Präsident hat sich ziemlich schnell den Umständen angepasst. Und das war die Ursache seines Scheiterns bezüglich seiner Wiederwahl.

Die Bestrebungen der Vereinigten Staaten von Amerika nach *Welt*hegemonie sind offensichtlich. Im Allgemeinen können wir es so formulieren, dass sie Rechte in Anspruch nimmt, die sie anderen nicht zubilligt. Zum Beispiel der Verteidigungsdoktrin der USA beharrt auf das Recht des ersten militärischen Schlages. Die Vereinigten Staaten von Amerika sind total verschuldet. In der letzten Zeit tauchte öfters die unbeantwortete Frage auf, wie sie ihren hundertsechzigtausendmilliarde Dollar Schuldenberg abbauen wird. Trotzdem verlor sie ihren dominanten Stellenwert vorläufig noch nicht. Es wagt niemand ihre Kreditwürdigkeit abzuwerten. Die

Bewertungsanstalten toben ihre Abwertungstriebe bei den schwächeren europäischen Staaten aus.

Der Sicherheitsrat der Vereinigten Nationen am 1. Juli 2002. behandelte die Mandat-Verlängerung der amerikanischen Soldaten in Bosnien. In diesen Verhandlungen ist auch die Frage der Strafbarkeit der Soldaten im Falle des Machtmissbrauches vor dem Internationalen Strafgerichtshof in den Hag (ICC) behandelt worden. Der Sicherheitsrat bestand aus 15 Mitgliedern. Davon 13 Mitglieder waren für die Strafbarkeit der Soldaten vor dem Internationalen Strafgerichtshof, Bulgarien hat seine Stimme enthalten und die Vereinigten Staaten von Amerika hat gegen den Plan sein Vetorecht eingesetzt. Israel – einer der engsten Verbündete der Vereinigten Staaten von Amerika – hat sich der Ansicht der Vereinigten Staaten von Amerika angeschlossen: Die israelische Regierung hat beschlossen, dass sie den Vorschlag nicht unterstütz. Die rechte Likud Partei und die linke Arbeiterpartei standen geschlossen hinter der Regierung. Bloß ein Parlamentarier stimmte für den Plan.

Das Prinzip der eingeschränkten Souveränität Europas als Folge der welthegemonischen Bestrebungen der USA hat sich auch innerhalb der Europäischen Union zu Fuß gefasst. Das hat sich nach der Regierungsbildung von Bundeskanzler Schlüssel in Österreich im Februar 2000 deutlich gezeigt. Die Sozialdemokraten waren in der

Regierung nicht mehr vertreten. Das Bündnis der Volkspartei und der national ausgerichteten freiheitlichen Partei konnten ohne den Sozialdemokraten eine funktionsfähige Regierung bilden. Die Sozialdemokraten haben demonstriert und gedroht, dass die Demonstrationen nur dann aufhören werden, wenn die (nach demokratischen Prinzipien gewählte legale) Regierung zurücktritt. Die Europäische Union hat Österreich mit Isolation gestraft. Eine bedeutende Schichte des Apparates der Europäischen Union hat damals den Sturz der österreichischen Regierung zum Ziel gesetzt. Die Sozialmechanismen – die Differenzierung nach Dominanz und Eigeninteressen – und die Macht der psychischen Hygiene – dass man nicht nur die Vorteile, sondern auch die Nachteile einer Situation annehmen muss, bekam Österreich damals voll präsentiert. Die relevante Frage ist im Weiteren, was blüht den kleineren Staaten dann, wenn die Vereinigten Staaten von Europa tatsächlich zustande kommt.?

Ähnlich ist die Situation bezüglich der NATO. Auch hier gilt, dass es unmöglich ist nur die Vorteile des militärischen Bündnisses – den höherwertigeren Schutz von Feinden – in Anspruch zu nehmen. Der Nachteil könnte etwa sein, dass das eigene Land auch dann zum Angriffspunk werden könnte, wenn es mit dem Konflikt ursprünglich nichts zu tun hätte. Ein weiterer Nachteil könnte der Verlust der Freiheit sein, die Freiheit um das eigene Gesellschafts- und Wirtschaftssystems zu bestimmen. Bemerkenswert ist der Slogan, den wir bei Beitritt in den Nato immer wieder hören: „Der Beitritt stärkt die moralische Ordnung der freien Welt" – also sie stärkt *unmittelbar* die neoliberalen Gesellschafts- und Wirtschaftsordnung Europas, und *mittelbar* die der Vereinigten Staaten von Amerika. Die Stärkung der neoliberalen Gesellschafts- und Wirtschaftsordnung erfolgt natürlich auch ohne Nato-Beitritt bloß dadurch, dass ein Land in die Europäische Union beitritt. Die Voraussetzung des Beitrittes ist die Angleichung der Rechtsnormen an die Rechtsordnung der Europäischen Union, die wiederum an der neoliberalen Rechtsordnung der USA orientiert. Die Stärkung der neoliberalen Gesellschafts- und Wirtschaftsordnung angloamerikanischer Art in Europa wird nach der Gründung der Vereinigten Staaten von Europa voraussichtlich noch intensiver gelten. *Und das ist der springende Punkt:* Welche Chancen hat dann ein beigetretenes Land von der neoliberalen Gesellschafts- und Wirtschaftsordnung loszukommen, wenn es davon schon endgültig genug hat, und welche Chancen hat es ohne die globale Weltordnung selbstständig zu existieren?

4.5. Die gemeinsame Rechtsordnung verpflichtet

Die Europäische Union kann natürlich nicht zulassen, dass jemand innerhalb der Union aus der Reihe tanzt. Schließlich haben sich die Mitgliedsstaaten durch Rechtsangleichung verpflichtet mitzuhalten. Die Frage ist, ob die Union-Administration heute wirklich nur das verlangt, was am Anfang vereinbart wurde. Ursprünglich war keine Rede von einem zentralisierten Monsterstaat mit der Pflicht des Aufgebens der kulturellen Identität der Mitgliedstaaten. Es gibt also keine Legitimation um das Solidaritätsprinzip so auszulegen, dass jeder Mitgliedsstaat verpflichtet wäre im Namen der Solidarität die quotenmäßige Verteilung der unrechtsmäßig in Europa massenhaft ohne glaubwürdige Identitätsnachweis eingedrungenen Wirtschaftsflüchtlinge zu akzeptieren. Es ist also nicht über die in ihrer Heimat gefährdeten Flüchtlingen die Rede, mit der Bemerkung, dass auch diese Flüchtlinge während ihrer Marsch nach Europa und vornehmlich nach Deutschland solche Länder passierten, wo sie das Ende des Krieges in Sicherheit abzuwarten hätten können. Aber die europäischen Länder – Deutschland an der Spitze – boten die höchste Unterstützung und die für die Humanität sensibilisierten Deutschen bereiteten für die Ankömmlinge an den Bahnhöfen einen triumphalen Empfang. Und das sprach sich schnell herum. Also es geht nicht nur um die Solidarität. Es stehen tief hinter der Sache verschwiegene andersgearteten Absichten und Gründe.

Während des kalten Krieges wäre es niemanden eingefallen einen Flüchtling aus dem Ostblock in Westeuropa in ein Empfangslager zu sperren oder auf eine andere Art und Weise seine Bewegungsfreiheit im Ankunftsland zu behindern. *Diese humane Großzügigkeit heutzutage, in der Epoche der kontinentalen Völkerwanderung, anzuwenden, ist sowohl aus der Sicht der Vernunft wie auch aus der Sicht der psychischen Hygiene grob verfehlt.* Die überwiegende Mehrheit der sogenannten Flüchtlinge kommt ohne Papiere. Die anonyme, ihre Identität verschleiernde Massen machen die europäische Städte unsicher und verbreiten Angst vor Terrorismus und Belästigung. *Die althergebrachten Regelungen entsprechen nicht den heute geltenden Verhältnissen.*

Übrigens das Pochen auf die Solidarität unvernünftiger Art hört bald auf, wenn man danach fragt, wieso verdienen die Arbeiter in einem westeuropäischen Betrieb eines westeuropäischen Unternehmens fünfmal so viel in einem westeuropäischen Land, als die Arbeiter des gleichen Unternehmens in Osteuropa. Im Falle der Vereinigten Staaten von Europa gilt dieser zwiespältige Zwang der Solidarität noch stärker. *Solidarität muss nicht unbedingt dadurch zum Ausdruck kommen, dass man es von Fremden bestimmen lässt mit wem man zusammenleben muss, sondern viel mehr dadurch, dass man nach der Bestimmung des europäischen Rechtes die gemeinsamen europäischen Grenzen schützt und dort hilft, wo die Probleme entstanden sind. Die Abweichung von diesem Prinzip eignet sich zur totalen Zerstörung der psychischen Hygiene und der Union.* Es darf nicht so weit gehen, dass zum Beispiel ein Politiker eines Landes ohne zu selektieren Menschen ohne Identitätsnachweis und ohne die anderen Länder zu konsultieren ins Land einlädt und dann daran bemüht ist einen Teil dieser Menschen in andere Länder zu verschieben deren Bevölkerung nicht gewillt ist ihre Kultur und Sicherheit aufs Spiel zu setzen. Das hat mit dem vernünftigen Streben nach gemeinsamer Wirtschafts- Finanz- Außen- und Verteidigungspolitik nichts zu tun und kann keine Grundlage der Vereinigten Staaten von Europa werden. Diese Denkweise belastet jedenfalls die Beziehungen innerhalb der Union. Diejenigen, die der falschverstandenen Solidarität widersprechen trauen, werden – gestützt auf die Akzeptierung der Rechtsangleichung und Solidarität – *legalisiert* als Feind abgestempelt und auch so behandelt. Solidarität darf dem Aufgeben der eigenen Kultur nicht gleichgesetzt werden. Es ist dabei auch wichtig zu sehen, dass *nicht* der Anschluss an die Europäischen Union oder der Beitritt in die Vereinigten Staaten von Europa, – im allgemeinen nicht die Globalisierung und nicht die Globalisierung der Rechtsordnung durch Rechtsanglei-chung – ist besonders problematisch, sondern die Angleichung der eigenen Rechtsordnung an einer Rechtsordnung, *die der Selbstverwirklichung keine Chancen übrighat und sich auf die im Dschungel geltenden natürlichen Selektion verlässt mit dem Streben nach Großmachtstellung als Vereinigten Staaten von Europa.* Dieses Ziel ist nur durch die Aufweichung der Machtstrukturen und kulturellen Eigenheiten der Nationalstaaten zu erreichen. *Das Mischen der Menschen aus grundverschiedenen Kulturkreisen ist am besten geeignet zur Hervorbringung identitätsgestörte Massen, die dann in einem Reich zwar im konfliktgeladenem Zustand aber doch am leichtesten gesteuert werden können.* Davon Garnichts zu reden, dass eine Gesellschafts- und Wirtschaftsordnung, welche die Vorgänge in einem Staat vorwiegend vom Konkurrenzkampf bestimmen lässt, welche den Erfolg und die Wertschätzung an der Geschichtlichkeit – sprich, am Maß der Aggressivität beim Streben nach Gewinn – und daran misst, wie geschickt *man sich* auf dem Arbeitsmarkt *verkaufen* kann, kann man nicht als human ansehen. Mich stört übrigens die unfeine Wortwahl sehr: Es wird nicht davon gesprochen, dass man einen Arbeitsplatz findet, dass man eine Stelle bekommt, dass man beschäftigt wird, dass man sich um eine Stelle bewirbt, sondern schon in den Schulen fordert man von den Schülern, dass sie es lernen, sich zu verkaufen. Das Assoziationsangebot zur Prostitution ist perfekt. Es gibt Leute, die autonom sind, und solche, die sich verkaufen müssen um überleben zu können.

4.6. Die verdrängte soziale Marktwirtschaft

Hoffentlich dringt sich bald die Einsicht durch, dass nur die ausgewogene Verflechtung von Eigen- und Kollektiv-interessen eine für jeder man akzeptierbare Zukunft in sich verbirgt. An und für sich lebte diese Einsicht nach dem zweiten Weltkrieg in Europa – auf Grund der Philosophie von John Maynard Keynes – auf, die man damals im deutschen Sprachraum als soziale Marktwirtschaft bezeichnete. Frankreich hat diese Philosophie von Keynes in modifizierte Form – als „Planifikation" – eingeführt.

Das Scheitern der sozialen Marktwirtschaft hat komplexe Gründe. Die Erleuchtung dieser Gründe ist für die Wiederbelebung der Grundprinzipien dieser Philosophie eminent wichtig, weil nur eine kritische Auseinandersetzung mit den Fehlern es die Fehlerquellen in der Zukunft zu vermeiden erlaubt.

Die wirtschaftlichen Erfolge während der Periode der sozialen Marktwirtschaft – die insbesondere im Deutschlands auffällig war – man sprach von Wirtschaftswunder – beruhte darauf, dass nach dem zweiten Weltkrieg die notleidende heimische Bevölkerung vorwiegend im Inland erzeugte Waren kaufte – sie kaufte eben das, was für sie am leichtesten erreichbar war. Nach dem die neoliberale – monetarisch orientierte – Philosophie Friedmans und Hayeks auf Einfluss der amerikanischen und schwedischen Finanzwelt in Mode gekommen ist, ging es für die meisten europäischen Volkswirtschaften Berg ab. Die liberale Wirtschaftspolitik forderte die Öffnung der Grenzen für ausländische Waren. In der Folge wurde Europa in den siebziger Jahren von billigen Dumpingwaren überflutet, und ein erheblicher Teil des *im Inland verdienten Einkommens strömte in die exportierenden Länder und stärkte ihre Wirtschaft,* vorwiegend außerhalb Europas. Die günstigen Preise der erzeugten Waren basierten auf der noch nie dagewesenen technischen Entwicklung, beruhten auf hochgradige

Automatisierung des Erzeugungsprozesses, die an und für sich weltweit einen revolutionären Strukturwandel forderte, den nur wenige Volkswirtschaften prompt zu verwirklichen im Stande waren. Deutschland ist es damals gelungen den Strukturwandel nach postindustriellen Anforderungen zu verwirklichen. Der Erfolg Deutschlands ist einerseits dem gerühmten deutschen Fleiß und der gerühmten deutschen Präzision zu verdanken, anderseits der Gier der Siegesmächte, die die veralteten deutschen Industrieanlagen konfiszierten und die Deutschen waren gezwungen ihre Industrie von der Pike auf nach neuesten wissenschaftlichen Erkenntnissen aufzubauen und einen Vorsprung zu erarbeiten, dessen Auswirkungen in unsere Tage hineinreichen. Also können wir feststellen, dass das Scheitern der sozialen Marktwirtschaft Großteils der Liberalisierung und Globalisierung zu zuschreiben.

Bevor wir um einen Schritt bezüglich der Gründe des Scheiterns der sozialen Marktwirtschaft weiter wagen, ist es eminent wichtig zu sehen, dass Europa – in welcher Organisationsform immer – *nur dann eine Überlebenschane hat, wenn es sich abgrenzt – nicht nur wegen der Wahrung der europäischen Identität!* Wenn Europa weiter auf dem Weg der Globalisierung und des freien Welthandels bleibt und ermöglicht, dass Europa mit billigen Dumpingwaren von andern Kontinenten mit niedrigen Löhnen überschwemmt wird, *dann wird Europa das gleiche Schicksal beschert, wie damals den Ländern der sozialen Marktwirtschaft!* Auch für Europa gilt: Man muss sich auch deshalb abgrenzen, weil man sich von *Dumpingwaren schützen muss! Die ausländischen Dumpingwaren transferieren das in Europa verdientes Einkommen in das Erzeugerland, stärken die Wirtschaft und heben den Lebensstandard des Erzeugerlandes/Kontinentes,* und Endeffekt muss die eigene Wirtschaft und die eigene Bevölkerung die Zeche zahlen: So wird die billige Dumpingware im Endeffekt viel zu teuer! *Mutatis mutandis* gilt es für die Mitgliedstaaten der künftigen Vereinigten Staaten Europas! Dieses Problem kann noch etliche, heute noch ungeahnte Konflikte mit sich bringen. Liebe deinen Nächsten wie dich selbst, soll man nicht aushöhlen, und sagen, liebe die anderen mehr als dich selbst. Auch der Neoliberalismus verlangt im Namen der Globalisierung die Aushöhlung des christlichen Gebotes nur dann, wenn die unbequemen religiösen Gebote gewissen Finanzkreisen erheblichen Gewinn bringen.

Ein weiterer Grund des Scheiterns der sozialen Marktwirtschaft ist in der Erpressbarkeit der nach Wählerstimmen strebenden Politiker zu erblicken. Erich Fromm sieht das Problem so, dass die vom Wirtschafts- und Gesellschaftssystem hervorgebrachte „Selbstsucht der Politiker veranlasst, ihren persönlichen Erfolg höher zu bewerten, als ihre gesellschaftliche Verantwortung." (21.) Die Politiker waren damals nicht im Stande das Gleichgewicht zwischen Eigen- und Kollektivinteressen auf Dauer aufrecht zu erhalten. Also auch die in der Praxis übertriebenen Eigeninteressen trugen dazu bei, dass die auf soziale Marktwirtschaft basierende Wirtschaft- und Gesellschaftsordnung scheiterte. Die Unternehmungen mit Steuerbegünstigungen und staatlichen Subventionen, die Individuen und Familien mit sozialen Begünstigungen und Unterstützungen pressten die Staatsfinanzen aus, wie eine Zitrone. Und das war auch einer der Argumentationen der Vertreter des neuen Trends der globalen „Ordnung" und des Monetarismus. Sie betonten damals, dass man Volkswirtschaften nicht auf Schulden aufbauen darf. Die einzig alleine heilbringende Wirtschafts- und Gesellschaftsordnung – behaupteten sie – ist der Liberalismus angloamerikanischer Art. *Natürlich, damals konnte man es noch nicht erwidern, dass der Neoliberalismus noch größere Schuldenberge inszeniert, als die damaligen Politiker der sozialen Marktwirtschaft es jemals träumen trauten.* Könnte es bedeuten, dass der Neoliberalismus noch ärgere Selbstsucht der Politiker im Stande ist zu inszenieren, als die von Fromm erwähnter Selbstsucht der Politiker der Vorzeit?

5. Der Gegensatz zwischen dem Bedürfnis der Aufwertung der regulierenden Rolle des Staates gegen den Egoismus und die Übermacht der multinationalen Unternehmungen und dem Bedürfnis der Einschränkung der Staatsmacht im Interesse der Wahrung der individuellen Freiheit.

5.1. Gründe des Bedürfnisses der Einschränkung der Staatsmacht

Das Bedürfnis der Einschränkung der Staatsmacht ist u. a. damit begründet, dass ein starker Staat leicht in Diktatur ausartet, und damit, dass der Staat im Wirtschaftssektor nicht jene Voraussetzungen mit sich bringt, die das erfolgreiche Wirtschaften ermöglicht. Die Hauptaufgabe des Staates wäre die Verwirklichung der gesellschaftlichen Zielvereinbarkeit, die – wie schon erwähnt – auch eine der Voraussetzungen der psychischen Hygiene ist.

Die Schwäche des Staates im Belangen der Wirtschaft ist darauf zurückzuführen, dass er in erster Linie – wenn er seine Hauptaufgabe gerecht sein will – die Interessen aller Bürger des Staates wahrnehmen sollte. Aus dieser Warte aus gesehen können wir sagen, dass der Staat in erster Linie den Kollektivzielen dienen sollte, aber dies bedeutet nicht, dass diejenigen, die näher zum Macht sitzen, durch die ihnen zur Verfügung stehenden

Möglichkeiten nicht mehr profitieren, als die anderen, aber diese Ungleichheit soll für jeden im erträglichen Rahmen bleiben. Wir stoßen wieder auf die Bedeutung der Befolgung des Prinzips der gesellschaftlichen Zielvereinbarkeit!

Ein weiterer Grund für die Schwäche des Staates im Wirtschaftsbereich ist in den folgenden Umständen zu erblicken: Das Staatseigentum ist in dem Sinne fast herrenlos, dass die staatlichen Wirtschaftseinheiten kaum über solche Führungspersönlichkeiten verfügen, wie es in der Privatwirtschaft die Eigentümer der Unternehmungen sind, welche das Eigeninteresse zum Erfolg motiviert.

5.2. *Gründe des Bedürfnisses für die staatlichen Interventionen in der Wirtschaft*

Der Egoismus ist die treibende Kraft der Marktmechanismen. Ein Unternehmer kann und darf nicht gegen sein Eigeninteresse wirtschaften. Aber die Erfahrungen zeigen auch das, dass die notwendige Verfolgung der Eigeninteressen um Erfolge zu erzielen, leicht zu Ignorierung des Gebotes der gesellschaftlichen Zielvereinbarkeit und zu schweren sozialen Konflikten führen können. Dafür, dass der in den Marktmechanismen wirkende Egoismus nicht außer Rand und Band geriet – wie z. B. im Manchesterkapitalismus – bedarf einer regulierenden Macht, die dem Egoismus eindeutige und sanktionierbare Grenzen setzt.

Ein Staat ist eine Formalorganisation, die aus einer oder mehrerer Gesellschaften, oder bloß aus einem Teil einer Gesellschaft bestehen kann. Von der Seite der Kultur gesehen können wir sagen, dass ein Staat der Beschützer eines soziokulturellen oder eines multikulturellen Wertsystems ist, und im Idealfall auch der Beschützer die Kultur jener Minderheiten, die auf seinem Territorium ansässig sind. Von der Seite der Funktionen gesehen gilt für einen demokratischen Staat die Gewaltentrennung. Ein demokratischer Staat hat das Recht und die Pflicht die Gesetzgebung und Vollziehung – die Verwaltung und die Gerichtsbarkeit – durch voneinander unabhängige Organen zu koordinieren. Durch die rasante technische Entwicklung und durch die damit verbundene Globalisierung sind dem Staat wesentliche Einnahmequellen entgangen, hingegen wegen der zunehmenden Arbeitslosigkeit und Armut ist der Bedarf an Sozialausgaben wesentlich gestiegen. Das Finanzwesen ist wegen unzureichender „liberaler" staatlicher Kontrolle weltweit zusammengebrochen und auf staatliche Interventionen angewiesen. Während des blinden Kampfes um mehr Gewinn sind die Banken oft in mit hohen Risiken verbundene Investitionen eingestiegen und verspielten auch die an sie anvertrauten Ersparnisse alter Menschen.

Das Dilemma ist perfekt: Geringeren Staats-einnahmen stehen erhöhte Ausgabenanforderungen gegenüber dem Staat. *Das Dilemma gemeinsam mit den anderen systemimmanenten Widersprüchen kann weder die Europäische Union, noch die im Entstehungsstadium befindlichen Vereinigten Staaten von Europa vollständig lösen, wenn die Gesellschafts- und Wirtschaftsordnung nicht in die Richtung der sozialen Marktwirtschaft bewegt, und wenn der gesellschaftlichen Zielvereinbarkeit nicht angenähert wird. Nur die gesellschaftliche Zielvereinbarkeit ist im Stande die gnadenlos wirkenden Sozialmechanismen zu besänftigen, im Weiteren die Differenzierung und Integration und die Psyche in Gleichgewicht zu halten. Die Stolpersteine der sozialen Marktwirtschaft sind bekannt, also braucht man „nur" Menschen dazu, die fähig sind nach den Einsichten zu handeln. Und das ist auch einer der springenden Punkte der Zukunft Europas. Schauen wir das näher an.*

6. Der Gegensatz zwischen der Sehnsucht nach der Geburt eines neuen Menschentypus und der Bereitschaft über die Sehnsucht hinaus dafür die erfolgversprechenden wissenschaftlichen Methoden einzusetzen.

6.1. Das Kühlschrankeffekt

Den Menschen hat die Evolution tendenziell über das Niveau der Tiere gehoben, und die Bedeutung der für die Tiere charakteristischen Instinkte Großteils durch das Denkvermögen ersetzt. Der Denkprozess spielt sich in dem neuesten Produkt der Evolution im Gehirn ab, in der Gehirnrinde – auch *Neokortex* genannt. Die Tragödien der Menschheit sind darauf zurückzuführen, dass der Neokortex auf die noch immer intakte frühere, für das Verhalten der Tiere verantwortlichen Gehirnschichten aufgebaut ist, und dadurch die Funktion des Neokortexes von den primitiveren Impulsen aus geschichtlich älteren Gehirnschichten beeinflusst wird. In meinen früheren Publikationen habe ich dieses Phänomen als fridge-effect – Kühlschrankeffekt – bezeichnet. (Menyhay *1996.* 71-72; 2001. 24, 92; *2002:* 44, 122, 187, 220, 261-263; *2003:* 40-41, 46, 66-68, 106, 110, 134, 152, 170, 173, 177-178, 222, 234, 237, 251, 254, 268, 275, 300, 353, 363, 374, 377, 409-411, 420, 426-428, 442, 465, 469, 475, 495, 505, 507, 509.) Schauen wir dieses Phänomen näher an.

Unterhalb der Neokortex-Schicht befinden sich die Schichten des Großhirns, das Hirn der Gefühle. Darunter funktioniert das Stammhirn, der Träger der Triebe. Übrigens, Freud hat die Anwesenheit der Triebe auch in jeder Zelle vermutet. (Freud XIII. 54.) Die freudschen Triebe wirken in einem einander widersprechendem System, das Freud als Triebpaar bezeichnet hat. Auf einem Flügel des Triebpaares befinden sich die lebenserhaltenden Kräfte und auf dem anderen die lebensfeindlichen. Unter lebenserhaltenden Trieben hat Freud sämtliche Lebensfunktionen verstanden, die für die Aufrechterhaltung des Lebens da sind, aber in der Regel hat er sich nur mit den zwei wichtigsten lebenserhaltenden Trieben ausführlich beschäftigt, mit der Sexualität und mit dem Hunger. Sexualität sorgt für die Arterhaltung, und der Hunger für die Erhaltung des individuellen Lebens. Die lebensfeindlichen Kräfte hat er als Todestrieb genannt. Diese Bezeichnung ist nicht geschickt gewählt – nachträglich war auch Freud damit nicht zufrieden – aber dennoch ist sie geeignet zu verdeutlichen, dass die lebensfeindlichen Kräfte im Endeffekt die Ursachen des Todes sind. (Freud XIV. 478–479.)

6.2. Das AEH-Komplex und das Wirtschaften

Wenn wir nach allgemeingültigeren Trieben suchen, und danach fragen, ob hinter den auf die Erklärung der Lebens-funktionen gestützten freudschen Trieben im Stammgehirn allgemeingültigere Triebe vorhanden sind, dann sehen wir, dass *sowohl in den lebenserhaltenden wie auch in den lebensfeindlichen Trieben drei grundlegende und verallgemeinerungsfähige Triebe wirken, die in einem auch für die grundlegenden wirtschaftlichen Aktivitäten verantwortlich sind:* die Aggression, der Egoismus und das Haben. Diesen Komplex habe ich in meinen früheren Publikationen als *AEH-Komplex* genannt. (Menyhay *2001*: 24, 131, 158-159, 165-166, 169, 197, 200, 206; *2002:* 29-31, 41, 44. 55, 106, 109, 126, 134, 162, 179, 187, 189-192, 203, 220, 225, 237, 241, 263; *2003:* 36, 106, 130-135, 141, 152, 166-169, 174 177-178, 197, 204, 207, 226, 232-233, 237, 249, 251, 257, 259, 268-270, 274-276, 322-323, 347-350, 360, 363, 366, 374, 386, 442-443, 468, 472, 475, 490-491, 500-501, 503, 506, 507, 511, 513.)

Im Wirtschaftsleben scheint der AEH-Komplex eine Schlüsselrolle zu haben: Die Aggression ist die Grundlage des *Unternehmens* – etwas in Angriff zu nehmen, etwas zu erledigen, energisch Tätig zu werden, ein Ziel zu verfolgen; der Egoismus fördert *das Streben nach Gewinn,* und das Haben weckt den Wunsch immer mehr zu haben und ist die Grundlage der *Investitionen.* Wir können feststellen, dass die Marktmechanismen – *die Zusammenhänge zwischen Angebot, Nachfrage und Produktion – und überhaupt das Wirtschaften und der wirtschaftliche Rationalismus – von den Impulsen des Stammhirns durch Fridge-effect beeinflusst wird.* Der Grund dafür ist, dass die Grenzen der Gehirnschichten fließend sind, die Verflechtungen zwischen ihnen ist ausgeprägt, daher ist der Neokortex dem Einfluss der primitiveren Impulse in der Evolution früher entstandener Gehirnschichten *auch in Belangen des Wirtschaftens ausgesetzt*. Die vom Großhirn erzeugten Gefühle und vom Stammhirn gesendeten animalischen Triebe beeinflussen unbemerkt die Tendenzen der Logik des Wirtschaftens eingebettet in die Denkprozesse des Alltags. Wenn das Denken offensichtlich lebensfeindlich ist – wenn sich antisoziale Inhalte manifestieren, und es bemerkt wird, dass die Differenzierung noch heute auf die im Dschungel geltenden Selektion beruht – dann sorgen die Abwehrmechanismen (Ego-Defense-Mechanismen) dafür, dass die „Wahrheit" mit „Argumenten" unterstützt wird. (Anna Freud 1984.) Derartiges Rationalisieren ist einer der begehrtesten Mittel der Verkündung der Unbeirrbarkeit jeder Ideologie.

6.3. „Warten auf Godot"

Die „Unvollkommenheit" des menschlichen Verhaltens ist also auf den Fridge-effect zurückzuführen. Der Mensch hat es offensichtlich irgendwie schon von alten Zeiten her gewittert, dass er unvollkommen ist, und dass er ohne wirksame Beschränkungen die tierischen Verhaltenstendenzen – den AEH-Komplex – kaum überwinden kann, deshalb hat er die Kultur samt Religionskultur – das Verhalten regulierende Normsystem – durch Konsens geschaffen. Der Mensch war eh und je bemüht – *zumindest verbal* – die aus der Tierwelt geerbten Verhaltenstendenzen entgegenzuwirken, und hoffte auf Erlösung bzw. auf die Geburt eines neuen Menschen. Das Warten auf die Geburt eines neuen Menschentypus, der seinen Nächsten so liebt, wie er sich selbst, war vergeblich. Auch die Hoffnung ist dahin geschwommen, der nach es gelingen wird, durch Verbreitung der kommunistischen Ideen einen neuen Menschentypus zu züchten, der nach seinen besten Fähigkeiten arbeitet und nur so viel von den erzeugten Gütern in Anspruch nimmt, wie viel er zum Leben braucht. Auch das Scheitern der sogenannten utopischen Gemeinschaftsgründungen zeigen eindeutig, dass der AEH-Komplex zu mächtig ist und hindert die Geburt des schon seit langem erwarteten neuen Menschen. Der AEH-Komplex ist aber nur deshalb so mächtig, weil der Mensch die wissenschaftlich fundierten Kenntnisse – die geeignet wären dem AEH-Komplex erfolgreich entgegenzuwirken – noch nicht eingesetzt hat. Der Mensch hat die Möglichkeiten, die in der Konsensbildung und in der Konditionierung vorhanden sind, noch weitaus nicht ausgeschöpft! Schauen wir das Problem etwas näher an.

Die Schlüsselfrage ist, ob die menschliche Natur mit anomalen Zügen durch gezielte Assoziationsangebote abänderbar ist, und wenn ja, in welchem Masse?

Diesbezüglich stehen uns zwei sehr interessante Zitate zur Verfügung: ein Zitat vom ungarischen Nobel-Preisträger Albert Szentgyörgyi und ein anderer von Erich Fromm. Szentgyörgyi beschreibt die Naturbedingtheit der psychischen und soziologischen Gesetzmäßigkeiten samt animalischen Zügen im Gehirn, und Fromm zeigt, wie eine Gesellschaftsordnung mit Assoziationsangeboten – bzw. mit Konsens und Konditionierung – den Charakter formen und die animalischen Triebe in Grenzen halten kann. Zum Einschränken der animalischen Triebe bzw. zur Beschleunigung der Evolution, muss nicht unbedingt Medikamente erfunden werden – wie ich diese Alternativlösung in den Raum stellte – wenn die Gesellschaft fähig ist die psychologischen und soziologischen Gesetzmäßigkeiten in Dienste der Menschwerdung zu stellen, und der Mensch bereit ist zur Vollendung der Schöpfung mit seinem Teil beizutragen.

„Das menschliche Gehirn ist nicht dafür da, – stellt Szentgyörgyi fest – dass es die Wahrheit sucht, sondern dafür, dass es hilft das tägliche Brot herbei zu schaffen, dass es erkennt, welche Möglichkeiten zum Schutz des Lebens zur Verfügung stehen, und erkennt die für ihn vorteilhafte Situationen." Also u. a. ist das Gehirn dazu da, das es die Profitchancen erkennt. (1988. 265.) Szentgyörgyi hat hier das freudsche Es – die Triebe – in knappen drei Zeilen erfasst. (Freud XIII. 235–290.)

Fromm packt das Problem von einer anderen Seite an. Er meint zwar nicht, – wie Donald O. Hebb, dass der Mensch *von Natur aus* liebeswürdig und warmherzig ist –, bloß macht er darauf Aufmerksam, dass es Gesellschaften gibt, wo der Egoismus und das Haben das Zusammenleben der Menschen nicht zerstört, weil diese dort gar nicht vorhanden sind. (Hebb 14; Fromm 19.) Der Mensch ist nicht nur das Produkt der Natur, sondern *auch Produkt gesellschaftlicher Bedingungen.* Wir würden sagen, der Mensch ist durch Konsens und Konditionierung erziehbar. Der AEH-Komplex ist zwar ein großes Hindernis der Vollendung der Schöpfung, aber dem Menschen hat die Natur auch jene Mittel zur Verfügung gestellt, die es ihm möglich machen sich zu formen. Diese Mittel sind eben der Konsens und die Konditionierung durch Assoziationsangebote mit hohem ethischem Wert. Fromm findet dafür die folgenden Worte:

„Die Entwicklung der Kapitalismus des 18. Jahrhunderts machte schrittweise einen radikalen Wandel durch: Das wirtschaftliche Verhalten wurde von der Ethik und den menschlichen Werten abgetrennt. Der Wirtschaftsmechanismus wurde als autonomes Ganzes angesehen, das unabhängig von menschlichen Bedürfnissen und dem menschlichen Willen ist – ein System, das sich aus eigener Kraft und nach eigenen Ge-setzen im Gang hält. Die Entwicklung dieses Wirtschaftssystems wurde nicht mehr durch die Frage: *Was ist gut für den Menschen?* bestimmt, sondern durch die Frage: *Was ist gut für das Wachstum des Systems?* Die Schärfe dieses Konflikts versuchte man durch die These zu verschleiern, dass alles, was dem Wachstum des Systems (oder auch nur einem einzigen Konzern) diene, auch das Wohl der Menschen fördere. Diese These wurde durch eine Hilfskonstruktion abgestützt, wonach genau jene menschlichen Qualitäten, die das System benötige – Egoismus, Selbstsucht und Habgier – dem Menschen angeboren seien; sie seien somit nicht dem System, sondern der menschlichen Natur anzulasten. Gesellschaften, in denen Egoismus, Selbstsucht und Habgier nicht existierten, wurde als „primitiv", ihre Mitglieder als „naiv" abqualifiziert. Man weigerte sich anzuerkennen, dass diese Charakterzüge nicht natürliche Triebe sind, die zur Bildung der Industriegesellschaft führten, sondern *das Produkt gesellschaftlicher Bedingungen.*" (Fromm 18-19.)

Die Zitate der zwei Autoren zeigen die zwei bestimmenden Faktoren menschlichen Verhaltens. Nach Szentgyörgyi und Freud können wir die Macht der angeborenen Triebe animalischer Ursprung erkennen, und Fromm zeigt die Macht der gesellschaftlichen Bedingungen, deren Wesen die Möglichkeit des Lernens neuer Verhaltensweisen durch Konditionierung ist. Wir können feststellen, dass die angeborenen Triebe animalischen Ursprung haben, daher können sie nicht wegdiskutiert werden, aber die Gesellschaft hat die Möglichkeit seine Mitglieder durch geplante Assoziationsangeboten zu neuen menschlicheren inneren und äußeren Verhaltensweisen zu konditionieren, die die animalischen Impulse zu überdecken im Stande sind. Die zufälligen Assoziationsangebote kann man zwar nicht ausschalten, diese müssten jedoch von programmierten Assoziationsangeboten weit überflügelt werden.

Die Gesellschaft hat auch die Möglichkeit mit ihren Assoziationsangeboten die animalischen Verhaltenstendenzen bis zu Extremen zu verstärken. Solche Phänomene sind z. B. Assoziationsangebote zu Verherrlichung des Heldentums im Dienste des Todes, Assoziationsangebote zum Völkermord, oder zu unbeschränkter Differenzierung mit totalem Ausschluss der Integrationschancen, wie etwa bei der Sklaverei. Der Automatismus des Konditionierungsvorganges kennt keine Unterschiede zwischen den unterschiedlichen Zielen. Die Vollendung der Konditionierung *verändert die Persönlichkeit so oder so.* Diesbezügliche empirische Untersuchungen von Jasper und Shagass zeigen folgendes: „Es konnte gezeigt werden, eine Reihe einfacher Lernvorgänge sich in Veränderungen der Gehirnwellen spiegelt. Eine mit der visuellen Zone der Großhirnrinde verbundene Elektrode registriert keinen merklichen Effekt auf Grund eines akustischen Reizes. Nach einer klassischen Konditionierung jedoch, bei welcher auf einen Ton jeweils ein Lichtreiz folgte, rief der akustische Reiz allein dieselbe EEG-Reaktion im Bereich der visuellen Rindenregion hervor wie ein Lichtreiz zuvor allein." (1971. 117.) *Die Macht der Konditionierung reicht also so weit, dass sie fähig ist die Gehirnfunktion zu verändern und die Geburt des seit langer Zeit ersehnten neuen Menschentypus hervorzubringen.* Dazu ist erst einmal der *Konsens notwendig,* wonach die den Eigeninteressen dienenden Assoziationsangebote – vor allem die Reklame und die minderwertigen „Kulturprodukte" der Filmindustrie – keine freie Bahn zur Zerstörung der einzigen Möglichkeit der Menschwerdung bekommen. Mit solchen Assoziationsangeboten ist überflüssig auf den langersehnten neuen Menschentypus zu warten, wonach die Wertigkeit eines Menschen davon abhängt, wie fähig er ist seine Eigeninteressen zu vertreten, sich zu verkaufen, sein Profit zu steigern und seine Konkurrenten aus dem Rennen zu werfen.

6.4. Die Bedeutung der Kultur

Die Kultur und die Religionskultur wirken durch konditionierte Verhaltensmuster – durch reflexartige Reaktionen auf Reize – regulierend. Der Erfolg der Kulturbildung war aus Sicht der Evolution ungeheuer wichtig, weil sie den Menschen über die Tierwelt stellte und versuchte den AEH-komplex – zumindest verbal mit selbstgefälligen Absichtserklärungen – in Grenzen zu halten. Aus heutiger Sicht war der Erfolg der Kulturbildung jedoch äußerst bescheiden. Die Kultur war nämlich – mangels ethisch einwandfreien Assoziationsangebote in ausreichendem Ausmaß – in überwiegendem Teil der Welt nicht im Stande die zerstörerische Seite des AEH-komplexes zu neutralisieren. Im Gegenteil: Mit der Entwicklung der Technik kamen solche Methoden der Vernichtung im Allgemeinen in Einsatz, die in den virtuellen Augen eines wilden Tieres sein eigenes Verhalten in den Schatten stellen. Wenn man überlegt, dass die Grausamkeiten menschlichen Verhaltens über die informellen soziokulturellen Werten hinaus auch mit formellen Gesetzen unterstütz worden sind, und auch manchenorts noch heute unterstützt werden, dann *sehen wir in einem die Gefahr der Staatsmacht,* wenn die Macht in die Hände ethisch nicht halbwegs einwandfreier Menschen fällt. Das Ziel war seit Schaffung der Kultur schon immer die Einschränkung des Lustprinzips durch die Macht einer ordnenden Machtstruktur, aber die Einschränkung des Lustprinzips galt in der Praxis vorwiegend nur für das „niedere" Volk, und dieses hat nicht in ausreichendem Ausmaß ethisch wertvolle Vorbilder, denen es folgen hätte können.

Das Dilemma können wir mit einer Frage verknüpfen: Gibt in einer globalen neoliberalen Gesellschafts- und Wirtschaftsordnung überhaupt noch einen Staat, der noch fähig wäre sich gegen die den Charakter zermürbenden Assoziationsangeboten der multinationalen Riesen und der Finanzwelt zu behaupten? Und das ist in einem der Grund des Scheiterns der Europäischen Union und anderer Föderationen, welche die vollkommene Freiheit befürworten. Und dies gilt natürlich sinngemäß auch für die künftigen Vereinigten Staaten von Europa.

6.5. Schlussfolgerung

Wir haben schon am Anfang dieser Abhandlung gesehen, wie wichtig die ausgewogenen zwischenmenschlichen Beziehungen sind. Jede psychische Erkrankung geht mit Störungen in den sozialen Beziehungen und mit Realitätsentfremdung einher. Schließen wir unsere Betrachtung mit der Wiederholung der Quintessenz dieser Tatsache ab: Die Realität ist in den sozialen Beziehungen und in der psychischen Struktur unleugbar. Es gibt nicht nur das Ich, es gibt auch das Du, das Wir und das Ihr. Die gesellschaftliche Zielvereinbarkeit und die psychische Stabilität des Menschen hat nur dann eine Chance, wenn die Beziehungen zwischen Ich und Du, Ich und Wir, Ich und Ihr und Wir und Ihr ausgewogen sind. Sollte das Gleichgewicht durch Einseitigkeit gestört sein, dann befindet sich die Gesellschaft in einem unstabilen Zustand und ist auf dem Weg des Zerfalls. Soziologisch gesehen hat das kommunistische System, den einseitigen Kollektivismus – das Übergewicht des Wir – zerstört. *Den neoliberalen und globalen Kapitalismus wird die Übergewichtung des Ich – der maßlose Individualismus und Egoismus – zwangsläufig zerstören, und die Europäische Union oder gar die Vereinigten Staaten von Europa gehen mitunter, es sei denn, gründliche gesellschaftliche Umwälzungen gebären den langersehnten neuen Menschen.*

7. Zusammenfassung

Die Gesellschafts- und Wirtschaftsordnung der Zukunft verlangt einen Mittelweg zwischen den Extremen: weder der kommunistische noch die neoliberale Philosophie und Praxis sind geeignet der gesellschaftlichen Zielvereinbarkeit und dem physisch-psychischen Wohl der Menschen optimal zu dienen. In dieser Abhandlung gebrachtes Zitat von Hofstätter geht es hervor, dass auch die Religionen nicht im Stande waren das Gebot der Nächstenliebe allgemeingültig in die Tat umzusetzen. (Hofstätter, 118–119.) Die Frage: Warum genügen die wohlgemeinten Programme das Wohl der Menschheit im Allgemeinen zu verwirklichen? Die Antwort auf Grund unserer Analyse scheint eindeutig zu sein: Philosophien – verbale Programme – können nur dann in die Praxis umgesetzt werden, wenn der Mensch, der die Programme schafft, *sich selbst im Sinne der Programme ändert und ein neuer Typus von Menschen entsteht.* Die Erreichung dieses Zieles hat aber nur dann eine Chance, wenn auf Reize die Antworte – das sind die inneren und äußeren Verhaltensmuster – vorwiegend nicht der naturbedingten AEH-Komplex animalischen Ursprungs im Gehirn generiert, sondern jene konditionierten moralischen Einstellungen, die durch Konsens geschaffen und mit entsprechenden Assoziationsgeboten gebildet worden sind. Und gerade an diesen entscheidenden Assoziationsangeboten scheiterten die wohlgemeinten Aspekte der philosophischen Programme, weil die

Vermittlung den verbalen Absichten entsprechenden Assoziationsangebote fehlte (und fehlt). Die nicht dem Allgemeinwohl dienenden Aspekte, – jene, die der übertriebenen Differenzierung ohne ausreichende Integrationschance und gesellschaftliche Zielverein- barkeit dienten – wurden vom AEH-Komplex – vom Bündel der Aggression, des Egoismus und des Habens – *reflexartig* durchgesetzt. Eben, „das menschliche Gehirn ist nicht dafür da, dass es die Wahrheit sucht, sondern dafür, dass es erkennt die für ihn vorteilhafte Situationen." (Szentgyörgyi, 265.) Der Profitgier ist also *natürlich,* er wird vom Gehirn *animalischer Ursprungs generiert*, und ohne innere *oder/und* äußere Hemmung der Habgier eskaliert die Vorteilsuche in animalische Richtung, und kehrt die Entwicklung in Zustände zurück, die von den Gesetzen des Dschungels beherrscht werden: Die Stärkeren siegen, die Schwächeren sterben aus. Der ausreichende kulturelle Schutz der Schwächeren fehlt, die Differenzierung ohne Integrationschance treibt die sowieso benachteiligten Schichten erbarmungslos am Rande des bloßen Vegetierens. Das spiegelte die Einkommensverteilung der Welt schon vor etwa zwanzig Jahren zurück: Die Ärmsten der Welt – 20% der Weltbevölkerung – musste mit 1,4% des Welteinkommens auskommen, die Reichsten der Welt – ebenso 20% der Weltbevölkerung – besaßen 82,5% des Welteinkommens. (UNDP, Human Development Report. New York, Oxford University Press, 1992.)

Die innere Hemmung kann nur die durch den Konsens geschaffenen Assoziationsangebote gebildet werden, die dann solche Verhaltensmuster konditionieren, die auf Reize der Eigenvorteile gemäßigt reagieren. Es geht hier eigentlich um *Gewohnheitsbildung* oder – wenn es heute noch erlaubt ist zu sagen – auch um *Gewissensbildung*. Freud beschreibt die Erbarmungslosigkeit des Gewissens im Zusammenhang mit der Verdrängung, also auf das Gewissen kann man sich verlassen. (Freud X. 160.) Es ist auch empirisch nachweisbar, dass die konditionierten Reaktionen verändern die Gehirnfunktionen und sind in der Lage – *nur diese sind in der Lage* – einen neuen Menschentypus zu schaffen. (Jasper und Shagass in Berelson 117.)

Die Rahmenbedingungen der äußeren Hemmnisse gegen die Habgier zu schaffen ist eine der Aufgaben des Staates. Die Frage ist, in wieweit ist ein künftiges Staatsgebilde, wie die Vereinigten Staaten von Europa sein sollte, in der Lage, diese Aufgabe zu bewältigen? Die Frage ist berechtigt, weil ein erheblicher Teil der europäischen Politiker – wahrscheinlich unter dem Einfluss der angloamerikanischen soziokulturellen Wertvorstellungen und ohne es zu merken – solche Normen unterstützen, die tendenziell die Rückkehr zu den Gesetzen des Dschungels begünstigen. Das ist eine der schwerwiegendsten Stolpersteine der europäischen Politik.

Der Amerikanismus wird mit religiös anmutendem Dogmatismus verherrlicht und für die ganze Menschheit als einzig heilbringend angesehen. Papst Johannes Paul II. warnte: „Hier tut sich ein großes und fruchtbares *Feld des Einsatzes und des Kampfes* im Namen der Gerechtigkeit für die Gewerkschaften und für die anderen Organisationen der Arbeiter auf, die ihre Rechte verteidigen und ihre Subjektivität schützen....In diesem Sinne kann man mit Recht von einem Kampf gegen ein Wirtschaftssystems sprechen, hier verstanden als Methode, die absolute Vorherrschaft des Kapitals, des Besitzes der Produktionsmittel und des Bodens über die freie Subjektivität der Arbeit des Menschen festhalten will. Für diesen Kampf gegen ein solches System eignet sich als Alternativmodell nicht das sozialistische System, das tatsächlich nicht anderes als einen Staatskapitalismus darstellt. Es geht vielmehr um eine Gesellschaftsordnung der freien Arbeit, der Unternehmen und der Beteiligung. Sie stellt sich keineswegs gegen den Markt, sondern verlangt, dass er von den sozialen Kräften und vom Staat in angemessener Weise kontrolliert werde, um die Befriedigung der Bedürfnisse der Gesellschaft zu gewährleisten.... Man sieht daraus, wie unhaltbar die Behauptung ist, die Niederlage des sogenannten ‚reellen Sozialismus' lasse den Kapitalismus als einziges Modell wirtschaftlicher Organisation übrig. Es gilt, die Barrieren und Monopole zu durchbrechen, die so viele Völker am

Rande der Entwicklung liegenlassen." (Centesimus Annus. IV. 35.)

Aus einer anderen Perspektive lautet die Frage, ob die Vereinigten Staaten von Europa fähig sein werden, die Philosophie der sozialen Marktwirtschaft wieder als richtungweisend anzuerkennen, und ob sie bereit sein werden bei der Anwendung dieser Philosophie die bekannten Ausführungsfehler der Vergangenheit zu vermeiden. Die Philosophie der sozialen Marktwirtschaft war in der Geschichte die einzige, welche die gesellschaftliche Zielvereinbarkeit angestrebt hat. "Die Aufwertung der Funktion des Staates, welche die Voraussetzung dafür ist, dass die Nachfragetendenzen mit den Motivationen der Investitionen in Einklang gebracht werden können, kann in den Augen eines Journalisten oder eines Bankiers aus dem neunzehnten Jahrhundert als ungeheurere Einmischung in die Wirtschaft erscheinen. Ich verteidige jedoch, weil einerseits, diese Aufwertung ist der einzige Weg dafür, dass wir den totalen Untergang der heute bekannten Wirtschaftssysteme vermeiden können, und anderseits, weil die Aufwertung der wirtschaftlichen Funktionen des Staates, ergänzt mit der Kraft der Geltung des Eigeninteresses, ist die Voraussetzung für den wirtschaftlichen Erfolg." (Keynes, 404.)

Die Geburt des neuen Menschentypus mit neuer Wirtschaftsethik hängt nicht nur von der Managerverantwortung, sondern vielmehr von der Erziehung- und Schulpolitik der Regierungen ab. Es muss sichergestellt werden, dass *die Assoziationsangebote ethischer Werte den Menschen von dem frühkindlichen Alter – schon durch die Sozialisation – bis zu dem Tode permanent begegnen und formen.* Nur so können wir das Ziel erreichen, dass die erwünschten ethischen Werte auf Reize automatisch, ohne Nachzudenken befolgt werden. Das Dilemma meldet sich auch hier zum Wort: *den ethischen Inhalt der Sozialisation müssten jene Faktoren sichern, welche die Ergebnisse der Sozialisation sind.* Mit anderen Worten: Den neuen Menschen müsste jene Gesellschaft erziehen, deren Mitglieder auf Grund der Normen missverstandener liberaler Freiheit konditioniert worden und unfähig sind sich selbst zu disziplinieren. Die Grundlagen eines starken, stabilen Ich ist die Fähigkeit Frustrationen zu ertragen, also sich so zu organisieren, dass die naturbedingte Aggression und Egoismus durch konditionierte Einstellung – Denkweise – gehemmt, oder kanalisiert abgeleitet wird.

Auf Grund des vorhin geschilderten Dilemmas bezüglich der Sozialisation sollten wir lieber *auch nach anderen Lösungen Ausschau halten.*

Wir gehen davon aus, dass es noch einzelne, begnadete, charismatische, in ihrer Familie nach ethischen Werten sozialisierte Menschen gibt, die eher fähig sind die existenzbedrohenden Probleme der Menschheit zu erkennen. Wenn solche Menschen maßgebende Rollen in der Gesellschaft/im Staat bekommen, dann besteht die Möglichkeit die Voraussetzungen der Geburt des neuen

Menschentypus *von oben in den Gang zu setzen.* Solche hervorragenden charismatischen Persönlichkeiten traten Zeitwiese wie aus dem Nicht auf, und gaben der Geschichte wichtige, richtungweisende positive Impulse. (z. B.: Konrad Adenauer, Helmut Kohl. Gandhi, Nelson Mandela, Kennedy, Szechenyi, usw. Es droht aber auch von Seiten der charismatischen Führer eine ungeheurere Gefahr: Charismatische Persönlichkeiten können nicht nur positive Impulse geben, sondern sind auch fähig Völker auszurotten und sogar Kontinente in Brand zu versetzen.

Im Glücksfall besteht die Möglichkeit, dass hervorragende Menschen – parallel mit den ethisch wertvollen Assoziationsangeboten – beginnen mit dem Aufbau der reformierten sozialen Marktwirtschaft und alles daransetzen, dass die gesellschaftliche Zielverein-barkeit verwirklicht wird. Um dies zu erreichen, *müssen die Produktionsverhältnisse der fantastischen technischen Entwicklung angeglichen werden.* (Vgl. Marx 250.)

Wenn das Glück nicht auf der Seite der Initiatoren der notwendigen gesellschaftlichen und wirtschaftlichen Änderungen steht, dann besteht die Gefahr, dass die einschlägigen Versuche an den Widerständen der Machtzentren scheitern. Und je größer, einflussreicher diese Machtzentren sind, desto größer ist die Gefahr, dass sie gegen die notwendigen Änderungen verbittert kämpfen und sogar von blutigen Auseinandersetzungen nicht zu-rückschrecken. Darin ist die wahre Gefahr der Vereinigten

Staaten von Europa zu erblicken! Sie könnte – und wenn es darauf ankommt, wird sie auch, die Interessen der liberalen Finanzwelt und der Wirtschaft vertreten und verteidigen – auch u. U. mit Militäreinsatz. Und *dies kann man nicht einmal so streng übelnehmen:* Jedes Gesellschaftssystem – ohne Ausnahme – hat eine von ihrem einzig wahren Sendungsbewusstsein beherrschte Schichte, die das Sagen hat. Wahrscheinlich werden zunächst die Veränderungsversuche des Gesellschafts- und Wirtschaftssystems von Seiten *isolierter* Persönlichkeiten mit Verurteilungen wegen Umsturz-versuchs gegen die legale Staatsmacht enden. Mit einem bisschen Glück, könnte jedoch dieser Weg – falls dieser von *mehreren Persönlichkeiten gleichzeitig angeführt* werden –, im Endeffekt zum Erfolg führen. Auch Mandela saß Jahrzehnte lang im Gefängnis.

Eine weitere Möglichkeit um die notwendigen Änderungen in der Wirtschafts- und Gesellschaftsordnung herbeiführen zu können, ist in der Wirksamkeit – man könnte sagen – in der Macht, in der Allgemeingültigkeit und Hartnäckigkeit der Konditionierung zu erblicken. Die Konditionierung durch Erfolg ist nicht nur in der Evolution und in der Erziehung wirksam. Sie ist auch in der Gesellschaftsgestaltung – über den bisher erwähnten Aspekten hinausgehend – gültig: Der Mensch ist fähig seine selbstgefährdende Einstellung ändern, wenn die Folgen dieser Einstellung ihn in Kata-strophen katapultiert, aber nur dann, wenn er schon bis zum Hals drinnen steckt. Auf den Zigarettenpackungen die Raucher von der Schädlichkeit des Rauchens zu warnen, bringt wenig Erfolg. Aber, wenn der Raucher schon an Krebs erkrankt ist, ist die Chance für Verhaltensänderung *eventuell* größer. Angewendet an die Machthaber der Finanzzentren der Welt bedeutet es, dass sie eher klein beigeben, *wenn sie den Zusammenbruch ihres Imperiums und den Verlust ihres Vermögens wittern.*

Resümee noch kürzer verfasst: Wenn der Mensch überleben will, muss sich seelisch total ändern. Europa ist auf Dauer nur dann lebensfähig, wenn sie die Menschen beim Charakterwandel kräftig unterstützt. Wenn aber Europa es zulässt, dass an ihre Tragfähigkeit die von dem angloamerikanischen Neoliberalismus indizierten Wirtschafts- und Finanzprobleme zehren, und ihre Aufmerksamkeit von der Wichtigkeit der Geburt des neuen Menschen ablenken lässt, dann kommt unweigerlich die Zeit des Zusammenbruchs des derzeitigen neoliberalen Gesellschafts- und Wirtschaftssystems *auch in Europa.* Der Grund dafür ist einleuchtend: Der rasanten technischen Entwicklung steht der rapid steigende Zahl der Arbeitslosen gegenüber. Mit anderen Worten: Die automatisierte, mit stets weniger menschlicher Arbeit operierende Produktion ist fähig riesige Mengen von Waren zu erzeugen, also steigert das Angebot, aber gleichzeitig schaltet von der Nachfrage jene Potenzial aus, welche die arbeitslos werdenden Menschen vertreten. Man kann mit Sozialhilfen und

Arbeitslosenunterstützungen keine ausreichende Nachfrage aufrechtzuerhalten. Auf diesem System kann man zwar einiger Zeit herumwursteln, aber einmal ist es aus. Ebenso kann man nicht in einer endlichen Welt unendliches Wirtschaftswachstum aufrechtzuerhalten. Es ist unverantwortlich das Wohl des Menschen von der irrealen Wirtschaftswachstumsideologie abhängig zu machen. Wenn Europa diesen Weg des Irrsinns gar als Föderation mitmacht, und wenn sie mit den Identitätsbedürfnissen der Mitgliedstaaten nicht behutsam umgeht, geht sie unweigerlich mit dem System unter.

Es hat mit dem Ansturm der englischen Bauer gegen die Dampflokomotive mit dem Motto begonnen, dass die Technik ihre Arbeit wegnehmen wird. Dieses Szenario geht jetzt zu Ende und beginnt eine andere, nämlich die Anpassung der Produktionsverhältnisse an die Entwicklung der Produktionsmittel. Die dabei entstehenden Probleme können die europäischen Staaten gemeinsam effektiver lösen als isoliert. Die Annäherung der europäischen Staaten zueinander, über die verschiedenen Vorstellungen bezüglich der massenhaft importierten kulturellen Werte hinausgehend, verbergen heimtückische Fallen, die sukzessive und parallel mit dem Zusammenwachsen der Staaten auftreten werden. Dabei können auch peinliche Situationen den Vereinheitlichungsprozess stören. Anlässlich des französischen Nationalfeiertages am 14. Juli 2017 hat Macron vorgeschlagen, dass die führenden Staaten der Union ein gemeinsames Budget unter der Leitung eines gemeinsamen Finanzministers erstellen. Frau Merkel hat sofort die peinliche Situation erkannt, nämlich die Absicht Macrons die verschuldeten Staaten mit Hilfe der deutschen Wirtschaftskraft – mit Hilfe der deutschen Steuerzahler – zu sanieren.

Literaturverzeichnis

- Adorno, Th. W. u. a.: Der autoritäre Charakter 1. 2. Schwarze Reihe 6. 7. Amsterdam 1969.
- Andorka, Rudolf: Einführung in die allgemeine Soziologie. Budapest, Aula, 1990. und Osiris 1997. (Bevezetés az általános szociológiába)
- Balázs, Judit: Nachbetrachtung, in: Menyhay, Imre: Ho
- mo oeconomikus und die unvollendete Schöpfung. *Grundlegung und Anwendung der analytischen Wirtschaftspsychologie.* Verlag der Akademie der Wissenschaften, Budapest 2004. (Homo oeconomikus és a befejezetlen teremtés. *Az analitikus gazdaságpszichológia alapvetése és alkalmazása.* (Utószó))
- Eibl-Eibesfeldt, Irenäus: Der Mensch – das riskierte Wesen. *Zur Naturgeschichte menschlicher Unvernunft.* Lizenzausgabe mit Genehmigung der R. Piper GmbH. und Co. KG., München 1988.
- Frankl, Viktor E.: Der Mensch vor der Frage nach dem Sinn. Piper, München - Zürich 1980.
- Frankl, Viktor E.: „...trotzdem ja zum Leben sagen. *Ein Psychologe erlebt das Konzentrationslager.* Kösel, München 1979.

- Frankl. Viktor E.: Logotherapie und Existenzanalyse. Piper, München 1987.
- Freud, Anna: Das Ich und die Abwehrmechanismen. Fischer, 1984.
- Freud, Sigmund: Erinnern, Wiederholen und Durcharbeiten. In: GW. Imago, Band **X**. (1913–1917) (126–137.)
- Freud, Sigmund: Jenseits des Lustprinzips. (1920) In: GW. ‚Imago Band XIII. (1920–1924) (1–70.)
- Freud, Sigmund: Das Ich und das Es. (1923) In: GW. (Imago) Band XIII. (1920–1924) (235–290.)
- Freud, Sigmund: Das Unbehagen in der Kultur. (1930) In: GW. (Imago) Band XIV. (1925–1931) (419–506.)
- Freud, Sigmund: Die Zerlegung der psychischen Persönlichkeit. (1933) In: GW. (Imago) Band XV. (62–118.)
- Fromm, Erich: Haben oder Sein. dtv. München 1980.
- Hebb, Donald O.: Grundfragen der Psychology (A pszichológia alapkérdései) Gondolat- Trivium, Budapest 1995. 14; Fromm 19.)
- Hofstätter, Peter R.: Gruppendynamik. *Kritik der Massenpsychologie.* Rowohlt, Hamburg 1968.
- LAO-CE: Tao te King. Übersetzt von János Máté. Gondverő, Budapest 2001
- Lorenz, Konrad: So kam der Mensch auf den Hund. dtv. München 1950.

- Lorenz, Konrad: Die acht Todessünden der zivilisierten Menschheit. Piper, München 1973.
- Lorenz, Konrad: Die Abbau des Menschlichen, Piper , München 1983.
- Jasper und Shagass in: (Red.) Berelson und Steiner: Menschliches Verhalten. Grundlegende Ergebnisse empirischer Forschung, Band I. Verlag Julius Beltz, Weinheim, Berlin, Basel. 1971.
- Kant, Immanuel: Zum ewigen Frieden. Reclam, Stuttgart 1961.
- Kray, Istvan: Änderung der Gesellschaftsordnung mit zugebundenen Augen. Belvárosi, Budapest 1993. (Rendszerváltás bekötött szemmel)
- Keynes, John Maynard: *A* foglalkoztatás, a kamat és a pénz általános elmélete. Közgazdasági és Jogi Kiadó, Budapest 1965. (Original: The General Theory of Employment, Interest and Money, 1936.)
- Marx, Karl: A tőke. IV. Kossuth, Budapest 1974.
- Menyhay, Emmerich: Vergangenheit, Gegenwart – Zukunft? *Erziehung im Lichte des Kreuzfeuers der Ideologien.* Püski, Budapest 1996.
- Menyhay, Emmerich (Imre): Einführung in die allgemeine Soziologie. *Die grundlegenden Fragen der Gesellschaftstheorie.* Verleger: West-Ungarische Universität, Sopron 2001. (Bevezetés

az általános szociológiába. A társadalomelmélet alapvető kérdései.)

- Menyhay, Emmerich: Wirtschaften, Unternehmen, Ethik. *Grundlegung und Anwendung einer gesellschaftstheoretischen Wirtschaftssoziologie.* Verlag der Akademie der Wissenschaften in Budapest 2002.

- Menyhay, Emmerich (Imre): Homo oeconomicus und die unvollendete Schöpfung. *Grundlegung und Anwendung der analytischen Wirtschaftspsychologie.* Verlag der Akademie der Wissenschaften in Budapest 2003. (Homo oeconomikus és a befejezetlen teremtés. *Az analitikus gazdaságpszichológia alapvetése és alkalmazása.*).

- Menyhay, Emmerich: Stolpersteine der Marktwirtschaft. *Homo Sapiens auf dem Prüfstand.* (A piaci vállalkozás buktatói. *Homo sapiens a mérlegen)* In: Gazdaság und Társadalom, Periodika, IX. Jg. Nr.: 3-4. 1998. 45–78., und in: *).* In: Gidai, Erzsébet, Nováky, Erzsébet, Tóth Attiláné /Red./: Ungarns Lage nach der Jahrtausendwende. (Magyarország az ezredforduló után). *Ein Band der Ungarischen Akademie der Wissenschaften.* Budapest 1999. 233–255.

- Menyhay, Emmerich (Imre): Autoritätsvakuum, Finanzkrise und die Gesetze des Dschungels.

Püski, Budapest 2009 (Autoritásvákuum, pénzügyi válság és a dzsungel törvényei.

- Parsons, Talcott: Einige Grundzüge der allgemeinen Theorie des Handels. In: Moderne amerikanische Soziologie. Hrsg. Hartmann, Heinz. Stuttgart 1967. 153-172. Seite 157. Vgl.: Menyhay, Emmerich: Einführung in die allgemeine Soziologie. *Die grundlegenden Fragen der Gesellschaftstheorie.* West-Ungarische Universität, Sopron 2001. 29. (Bevezetés az általános szociológiába. *A társadalomelmélet alapvető kérdései.*)
- Pongratz, Ludwig J.: Psychotherapie in Selbstdarstellungen. Bern 1973.
- Szentgyörgyi, Albert: Das Gehirn und der Verstand. In: Ausgewählte Werke, Gondolat-Verlag. Budapest 1988. 265. (Az agy és az értelem. In: Válogatott tanulmányok)
- Biblia. Szent István Társulat 1992.
- Centesimus Annus. Sozialenzyklika von Papst Johannes Paul II.
- Der Babilonische Talmud. Übertragen und erläutert von Jakob Frommer. Fourier, Wiesbaden, o. J.
- UNDP. Human Development Report. New York, Oxford University Press, 1992.